Spaude Das dänische Rechtswesen

D1921143

Das dänische Rechtswesen

Gerichtsaufbau und Verfahrensrecht

von K. H. Spaude
Vizepräsident des Landgerichts

FB Geschichte
20. Juni 2025
AUSGESCHIEDEN
Ke 8875

Carl Heymanns Verlag KG · Köln · Berlin · Bonn · München

642/1977

Historisches Seminar der Christian-Albrechts-Universität Kiel

1976 ISBN 3 452 18080 8
Gedruckt in der Gallus Druckerei KG Berlin
Printed in Germany

Geleitwort des schleswig-holsteinischen Justizministers Dr. Henning Schwarz

Die Grenzen der westlichen Staaten werden untereinander immer durchlässiger. Der große und kleine Grenzverkehr ist schon seit langem zur Selbstverständlichkeit geworden. In besonders hohem Maße gilt dies für diejenigen Nachbarstaaten, deren Bevölkerungen jeweils Volksteile des Nachbarlandes in sich beherbergen. Diese Situation ist für Schleswig-Holstein und Dänemark typisch. Aus historischem Gegensatz haben Volksvertretungen, Regierungen und die ganze Bevölkerung in den letzten Jahrzehnten ein Miteinander entwickelt. Daran haben die deutsch/dänischen Minderheiten erheblichen Anteil.

Die enge volkstümliche, historische und teilweise verwandtschaftlich begründete Verflechtung zwischen Dänemark und Schleswig-Holstein bringt indes für beide Länder erhebliche Rechtsprobleme mit sich. Verwandtschaftliche Beziehungen, gegenseitige grenzüberschreitende Geschäfte und wechselseitiger Massentourismus lassen täglich neue Rechtsfragen entstehen, die ohne Kenntnis des benachbarten ausländischen Rechts nicht lösbar sind. Diese Kenntnis wird in zunehmendem Maße für alle Rechtspflegeorgane wichtig, unabhängig davon, ob sie auf der richterlichen Seite oder als Parteivertreter dem Recht dienen.

Die Kenntnis des ausländischen Rechts wird durch das Europäische Übereinkommen vom 7. Juni 1968 vermittelt, dem die Bundesrepublik Deutschland am 19. März 1975 beigetreten ist. Den Gerichten des einen Staates gibt die Empfangsstelle des anderen Staates über eine sog. Vermittlungsstelle des ersuchenden Staates die entsprechende Rechtsauskunft. Indes ist die begehrte Antwort auf die juristische Frage für das heimatliche Gericht oft nur dann von Wert, wenn die Verfahrensbeteiligten sich in die ausländische Rechtspraxis hineindenken können. Deshalb ist es für alle Rechtspflegeorgane gleichermaßen wichtig, das ausländische Verfahrensrecht mit seinem spezifischen Gerichtsaufbau wenigstens annäherungsweise zu erahnen. Für das enge Verhältnis zwischen Schleswig-Holstein und Dänemark ist es besonders wünschenswert, daß möglichst viele Mitglieder der Rechtspflegeorgane des nördlichsten Bundeslandes über den dänischen Gerichtsaufbau und sein Verfahrensrecht informiert sind.

Es ist das besondere Verdienst des Vorsitzenden Richters am Landgericht *Karl Heinz Spaude*, durch sein Werk über das dänische Rechtswesen dem Leser einen ersten Einstieg in den Gerichtsaufbau und das Verfahrensrecht unseres Nachbarlandes gegeben zu haben. Sein Buch besticht durch eine übersichtliche Einteilung, klare Diktion und gelungene Formulierungen. Der Leser wird seine Freude an diesem Werk haben. Namens der schleswig-holsteinischen Rechtspflege danke ich dem Verfasser für seinen bedeutungsvollen Beitrag zur Entwicklung gutnachbarlicher Rechtsbeziehungen zwischen Dänemark und Schleswig-Holstein.

Dr. Henning Schwarz
Justizminister
des Landes Schleswig-Holstein

Geleitwort des dänischen Justizministers Orla Møller

Både i Tyskland og i de nordiske lande er retsplejeordningen for tiden inde i en udvikling, der bl.a. tilsigter at rationalisere og forenkle domstolenes virksomhed, således at de krav, som samfundsudviklingen stiller til retsplejen, kan opfyldes bedst muligt. Under et sådant reformarbejde er det naturligt at kaste blikket over de nationale grænser og undersøge, hvorledes problemerne løses eller foreslås løst i lande, der kulturelt og politisk frembyder ligheder med de hjemlige forhold. Dommer Spaudes værk må ses som et led i sådanne bestræbelser, mens dets store værdi set fra et dansk synspunkt især ligger i den måde, hvorpå det i vide tyske og europæiske kredse vil kunne udbrede kendskabet til dansk retspleje og dansk ret.

Jeg ved, at danske dommere og danske jurister har glædet sig meget over denne omfattende og korrekte gengivelse af retsforholdene her i landet, og jeg ønsker værket en meget stor udbredelse.

Orla Møller

Geleitwort des Vorsitzenden des dänischen Richtervereins

Mellem Den slesvig-holstenske Dommerforening og Den danske Dommerforening har der i en årrække bestået et venskabeligt samarbejde. I 1968 blev på initiativ af Den slesvig-holstenske Dommerforening 15 dommere fra Finland, Norge, Sverige og Danmark indbudt til at besøge Slesvig-Holsten. For rejsen var der tilrettelagt et omfattende program, herunder besøg af en række institutioner under retsvæsenet og overværelse af forskellige retssager. Overalt hvor den skandinaviske delegation kom frem, blev den modtaget med den største gæstevenlighed og en hjertelig imødekommenhed fra de tyske kolleger. Rejsens kulmination var en meget festlig modtagelse hos Slesvig-Holstens justitsminister i Kiel. Senere har den danske justitsminister Knud Thestrup holdt gæsteforelæsning på et seminar i grænseakademiet Sankelmark, og en række danske dommere har deltaget i møder, hvor faglige spørgsmål blev diskuteret, og har under besøg haft lejlighed til at lære tyske kolleger at kende og at få et indtryk af retslivet og foreningsvirksomheden.

På denne baggrund har det været Den danske Dommerforening en glæde at byde dommer ved landsretten i Itzehoe, K. H. Spaude, velkommen under han studieophold i Danmark i 1972 og være ham behjælpelig med tilrettelæggelsen af dette. Det værk, som nu foreligger som resultatet af dommer Spaudes omfattende studier, vidner om, at forfatteren er en kyndig jurist og en alsidigt orienteret dommer. Han har været en positiv og venligt indstillet iagttager af det danske retsvæsen, kritiske bemærkninger fremsættes kun forsigtigt og mest på en indirekte måde, og han fremhæver ofte med anerkendelse de forskelligheder, som frembyder sig. Værket giver et fortrinligt overblik over den danske retspleje og domstolspraksis og indeholder et væld af detaljer vedrørende disse forhold. Dommer Spaude, der taler og forstår dansk, har skaffet sig et korrekt og i alle enkeltheder á jour ført indblik i det danske retsvæsen og har også haft et åbent blik for dansk retsplejes særpræg og ejendommeligheder. Som formand for Den danske Dommerforening kan jeg medgive dette værk min bedste anbefaling, og personlig vil jeg takke dommer Spaude for mange hyggelige sammenkomster i venskabelig ånd.

Carsten Jepsen

Geleitwort des Vorsitzenden des schleswig-holsteinischen Richterverbandes

Die Darstellung des Dänischen Rechtswesens, vorgelegt von einem besonderen Kenner der Gerichtsverhältnisse im Nachbarland, ist ein Markstein auch in der Entwicklung des Verhältnisses zwischen dänischen und deutschen Richtern. Seit im Jahre 1959 eine Delegation schleswig-holsteinischer Richter in Kopenhagen und auf Seeland Einrichtungen der Justiz besuchte, hat der ständige Gedankenaustausch zu guter Verbindung beider Richterverbände und zu vielen persönlichen, zum Teil freundschaftlichen Kontakten geführt.

Richter *Karl Heinz Spaudes* Buch ist nicht nur sichtbares Zeichen des Erfolges seines längeren Aufenthaltes in Dänemark, sondern auch unserer beiderseitigen Bemühungen, die fruchtbaren Beziehungen zu verbessern. Der Blick über die Grenze ist heute für den Juristen notwendig, um gute, auf gegenseitigem Verständnis beruhende Nachbarschaft zu halten. Er ist für die Richter gerade unseres Landes geboten in der Erkenntnis, daß die freiheitlich-demokratischen Traditionen Dänemarks auch auf dem Gebiete des Rechtes für uns in Deutschland beispielhaft sind.

Jürgen P. C. Petersen
Vorsitzender des Schleswig-Holsteinischen
Richterverbandes

Vorwort

Der Europarat hat in seiner Resolution »über Auslandsreisen für Juristen aus Mitgliedstaaten des Europarats« vom 26. 9. 1969 »in der Erwägung, daß es das Ziel des Europarates sei, eine größere Einheit unter seinen Mitgliedern herzustellen, und daß ein besseres Verständnis des europäischen Rechts und der Rechtsordnungen der europäischen Staaten zu diesem Ziel beigetragen werde«, Studienreisen von Juristen, so auch von Richtern, in die in Frage kommenden Länder für wünschenswert und förderungswürdig erachtet. Der Schleswig-Holsteinische Richterverband, der seit mehreren Jahren Kontakte zum dänischen Richterverein unterhält, griff diesen Gedanken auf und bereitete bei deutschen und dänischen Stellen die Studienreise eines Richters nach Dänemark vor. Der Justizminister des Landes Schleswig-Holstein, Dr. *Henning Schwarz*, erteilte mir im Frühjahr 1972 für einen Aufenthalt in Dänemark einen dreimonatigen Sonderurlaub zum Studium des dänischen Rechtswesens.

Die Grundzüge des dänischen Rechtssystems sind weitgehend unbekannt. Gelegentlich sickert etwas durch über das hohe Ansehen des Richterstandes im Nachbarland, über die geringe Zahl der Richter (ca. 230 bei fünf Millionen Einwohnern) und über eine herausragende Besoldung. Statistische Unterlagen über die bei den dänischen Gerichten erledigten Sachen ergeben für uns kein klares Bild und lassen einen Vergleich mit unseren Geschäftsübersichten nicht ohne nähere Prüfung zu. So erscheint es zunächst nicht verständlich, daß auf einen Zivilrichter in Dänemark etwa 3200 Sachen und auf eine Kammer (Abteilung) des

Landgerichts etwa 450 Sachen pro Jahr entfallen. Über Gerichtsaufbau und Rechtsmittel hört man so gut wie nichts. Sind die Gerichte streng nach Instanzen getrennt? Welche Rechtsmittel gibt es? Wann entscheidet der Einzelrichter, wann ein Kollegialgericht? Wann und in welchem Umfange wirken Laienrichter mit? Was sind Schwurgerichtssachen? Gibt es Präsidien, Richterräte etc.?

Während meines Aufenthalts fand ich insbesondere beim Östlichen Landgericht in Kopenhagen und beim Stadtgericht in Kopenhagen, dem größten Untergericht des Landes, bereitwillig Aufnahme und Unterstützung. Die enge Verbindung mit der Praxis wurde gleichzeitig und in der folgenden Zeit durch den Besuch von Bibliotheken und das Studium dänischer Gesetze und Kommentare vertieft. Die nachstehenden Ausführungen über Gerichtsaufbau und Verfahrensrecht sind sicherlich nicht vollständig. Sie sollen in erster Linie die wesentlichen Unterschiede zu unserem Rechtswesen erkennen lassen.

Dem Richter *Kristian Frösig* vom Stadtgericht in Kopenhagen bin ich zu besonderem Dank dafür verpflichtet, daß er meinen ersten Entwurf überprüft, mir wertvolle Anregungen gegeben und mich über geplante und durchgeführte Gesetzesänderungen unterrichtet hat.

Itzehoe, im März 1976

K. H. Spaude
Vizepräsident des Landgerichts

Inhalt

I. Die Gerichte

– Aufbau, Zusammensetzung, Geschäftsverteilung und Arbeitsweise –

A. Übersicht

Dänemark hat als »allgemeine« (ordentliche) Gerichte:

1. Die sogenannten Untergerichte, erstinstanzliche Gerichte, die etwa unseren Amtsgerichten entsprechen

Es finden sich dafür die Bezeichnungen: byret (Stadtgericht, z. B. Köbenhavns byret = Stadtgericht Kopenhagen), herredsret (Kreisgericht, z. B. Roskilde herredsret = Kreisgericht Roskilde) oder by- og herredsret (Stadt- und Kreisgericht, z. B. Aarhus by- og herredsret) oder vielfach auch nur retten (das Gericht, z. B. Retten i Nyborg = das Gericht in Nyborg). Das Gericht in Frederiksberg (liegt innerhalb Kopenhagens, ist jedoch eine selbständige Kommune mit eigenem Gericht) heißt traditionsgemäß »Frederiksberg birkeret«[1]. Alle diese Gerichte sind Eingangsgerichte mit abgegrenzter Zuständigkeit. Das

1 Die Bezeichnungen byret, herredsret und birkeret erklären sich historisch. »Herred« ist die alte Bezeichnung für Kreis (Gau). Auf dem »herredsting« versammelten sich im Mittelalter alle im Kreise ansässigen freien Männer. Byting (Stadtgericht) und birketing (Bezirksgericht) haben sich schon früh vom »herredsting« ausgesondert. »Birk« ist die Bezeichnung für ein vom Kreis losgelöstes Gebiet, ursprünglich für die Städte gebraucht, später auf dem Land für Krongüter, Kirchengüter und adlige Güter. (Vgl. Christian IV. birkeret von 1623, eine Art Gesetzessammlung. Ret heißt hier Recht.)

dänische Rechtspflegegesetz spricht schlechthin von den »Untergerichten«.

Das Land war bis 1972 in 105 Untergerichtsbezirke eingeteilt. Nach dem im Juni 1972 angenommenen Änderungsgesetz zum Rechtspflegegesetz sind jedoch 21 Gerichte aufgehoben und die Bezirke anderen Gerichten zugeschlagen worden. Somit gibt es jetzt nur noch 84 Untergerichtsbezirke[2]. Hinzu kommen der Gerichtsbezirk der Färöer und Grönland.

2. a) die Landgerichte

Es gibt zwei Landgerichte, und zwar das Östliche Landgericht (Östre Landsret) und das Westliche Landgericht (Vestre Landsret). Das Östliche Landgericht, das seinen Sitz in Kopenhagen hat, umfaßt Seeland, Fünen und die übrigen Inseln einschließlich Bornholm und die Färöer. Das Gebiet des Westlichen Landgerichts umfaßt ausschließlich Jütland. Es hat seinen Sitz in Viborg.

Die Gesamtbevölkerungszahl beträgt 5 Millionen (1. 7. 1970: 4 921 156), davon entfallen etwa 2,8 Mill. auf das Gebiet des Östlichen Landgerichts, etwa 2,2 Mill. auf das des Westlichen Landgerichts.

b) das See- und Handelsgericht in Kopenhagen[3],

das seit 1861 besteht. Örtlich ist es zuständig für das Gebiet von Groß-Kopenhagen, jedoch können in Zivil-

2 Der vom dänischen Justizministerium im Jahre 1971 herausgegebene »Bericht über die Einteilung der Gerichtskreise in Dänemark« schlug insgesamt 73 Untergerichtsbezirke vor. Mit diesem Plan konnte der Justizminister nicht voll durchdringen.

3 Ich habe das See- und Handelsgericht in Kopenhagen auf eine Stufe mit den Landgerichten gestellt, obwohl es auch Sachen, die sonst vor ein Untergericht kommen würden,

sachen die Parteien aus anderen Gerichtsbezirken die Zuständigkeit des See- und Handelsgerichts in Kopenhagen vereinbaren.

3. das Höchste Gericht (Höjesteret)

als oberster Gerichtshof mit Sitz in Kopenhagen, errichtet im Jahre 1661.

Darüber hinaus hat Dänemark

4. das besondere Klagegericht (»den särlige klageret«)

als Wiederaufnahmegericht in Strafsachen und als Disziplinargericht.

An weiteren Gerichten, die aber nicht zu den »allgemeinen« Gerichten zählen, bestehen: ein Arbeitsgericht in Kopenhagen, das aber nur für Streitigkeiten des kollektiven Arbeitsrechts zuständig ist, ein Finanzgericht (landsskatteretten), das hauptsächlich nur für Fragen der individuellen Steuereinschätzung zuständig ist[4], und schließlich ein durch die Verfassung bestimmtes »Reichsgericht« (rigsretten) für Anklagen gegen Minister wegen pflichtwidriger Amtsführung, das sich aus Richtern am Höchsten Gericht und einer entsprechenden Anzahl Parlamentsabgeordneten zusammensetzt. Es gibt in Dänemark weder Verwaltungsge-

bearbeitet. Für die Eingruppierung erschien mir aber bedeutsam, daß – vom Streitwert aus – eine unbeschränkte Zuständigkeit besteht und daß das übergeordnete Rechtsmittelgericht nicht etwa das Landgericht, sondern das Höchste Gericht ist.

4 »Landsskatteretten« wird in Dänemark nicht als ein Spruchgericht – domstol – angesehen. Seine Mitglieder werden nicht als »Richter« – »dommer« – bezeichnet.

richte[5] noch Arbeits- und Finanzgerichte in unserem Sinne. Ebensowenig gibt es ein Verfassungsgericht. Streitigkeiten, die bei uns üblicherweise vor den Verwaltungsgerichten, Arbeitsgerichten, Finanzgerichten oder auch vor dem Bundesverfassungsgericht anhängig gemacht werden, werden als »Zivilsachen« im weiteren Sinne aufgefaßt und von den gewöhnlichen Gerichten (Untergericht, Landgericht, Höchstes Gericht) entsprechend sachlicher Zuständigkeit entschieden[6]. Daraus folgt, daß der dänische Richter vielseitig sein muß. Er hat sich auch in die Sach- und Rechtsgebiete einzufinden, mit denen bei uns in erster Linie die Spezialgerichte befaßt sind. Ausbildung, Einteilung und Arbeitsweise der Gerichte, insbesondere der Landgerichte und des Höchsten Gerichts, sind hierauf abgestellt.

Den drei Gerichtsarten – Untergericht, Landgericht,

5 § 63 Abs. 2 der dänischen Verfassung enthält einen Vorbehalt für die Errichtung eines oder mehrerer erstinstanzlicher Verwaltungsgerichte, wobei das Höchste Gericht Rechtsmittelgericht sein soll. Von diesem Vorbehalt hat man jedoch bislang keinen Gebrauch gemacht. Die meisten Richter in Dänemark dürften gegen die Errichtung von Verwaltungsgerichten sein.
Als eine Art Ersatz für Verwaltungsgerichte könnte man das im Jahre 1954 geschaffene Amt eines Parlamentskommissars (ombudsmand) als Kontrollorgan der Zivil- und Militärverwaltung ansehen. – Vgl. *Stephan Hurwitz* (erster Parlamentskommissar), »Die Kontrolle der Verwaltung in Dänemark«, in: Journal der Internationalen Juristen-Kommission, Bd. I 1957/1958, S. 242 ff., mit Abdruck des Gesetzes und der Direktiven in deutscher Sprache.

6 Im Mai/Juni 1972 war beim Östlichen Landgericht eine Klage anhängig, nach deren Antrag der Staatsminister verurteilt werden sollte, anzuerkennen, daß Dänemarks Beitritt zur EWG nur nach den Regeln des § 88 des Grundgesetzes (zunächst Ausschreibung von Neuwahlen zum Folketing) und nicht nach § 20 erfolgen könne: Es ging also um einen reinen Verfassungsrechtsstreit.

Höchstes Gericht – liegt kein dreistufiger Aufbau zugrunde, wie er bei uns für die große Justizreform zur Debatte steht. Zwar ist das Untergericht, wie bei uns das Amtsgericht, ein erstinstanzliches Gericht, jedoch nicht das alleinige »Eingangsgericht«. Das Landgericht ist nämlich, wie bei uns, nicht nur ein Gericht zweiter Instanz, sondern zugleich auch ein Gericht erster Instanz, das Höchste Gericht ist ein Gericht zweiter Instanz und gelegentlich ausnahmsweise auch ein Gericht dritter Instanz. Das dänische Gerichtssystem geht im Grundsatz von einem Zwei-Instanzen-Zug aus. Wenn auch zahlreiche Bestimmungen des für Gerichtsverfassung, Prozeßrecht und Zwangsvollstrekkungsrecht maßgebenden Gesetzes, des Rechtspflegegesetzes aus dem Jahre 1916, im Laufe der Zeit geändert oder erweitert worden sind und man auch wie bei uns laufend Überlegungen anstellt, was reformbedürftig ist – es bestehen ständige Justizausschüsse für alle möglichen Rechtsgebiete, in denen auch Richter mitwirken –, so ist jedoch an grundlegende Änderungen gegenwärtig nicht gedacht. An dem Gerichtsaufbau will man anscheinend nicht rühren[7].

B. Die ordentlichen Gerichte im einzelnen

1. Die Untergerichte – unter Hervorhebung des Stadtgerichts in Kopenhagen –

An den meisten Untergerichten ist nur ein Richter (dommer) tätig. Auch nach Durchführung der beschlossenen Neuaufteilung der Gerichtsbezirke fallen darunter immerhin noch 53 Gerichte. Die übrigen 31 Gerichte sind mehrstellig

7 Schweden hat im Gegensatz zu Dänemark einen dreistufigen Aufbau, streng nach Instanzen.

besetzt, mit zwei, drei, vier und mehr Richtern. Die Stadt- und Kreisgerichte in Aarhus, Odense und Aalborg haben je einen Präsidenten und elf bzw. acht bzw. sieben andere Richter. Das Stadtgericht in Kopenhagen, das größte Untergericht, besteht aus einem Präsidenten und 30 weiteren Richtern. Wenn von Richtern die Rede ist, so werden darunter nicht die sogenannten Bevollmächtigten verstanden, obwohl auch diese zum großen Teil richterliche Aufgaben wahrnehmen. Ein Bevollmächtigter (dommerfuldmägtig, retsassessor) ist zwar Jurist, aber eben kein »Richter« (dommer)[8]. Er zählt zum juristischen Personal. Auch für Verwaltungsarbeit sind an einigen Gerichten Juristen eingesetzt. So haben das Höchste Gericht, jedes Landgericht, das See- und Handelsgericht in Kopenhagen und das Stadtgericht in Kopenhagen je einen »Justizsekretär«[9], der Jurist ist und dem Justizkontor vorsteht. Ebenso sind in der Regel die »Sekretäre« der Präsidenten Juristen. Vereinzelt werden auch ältere Bevollmächtigte, die nach einer Reihe von Dienstjahren zu »Gerichtsassessoren« (retsassessor) ernannt werden, für die Protokollführung und zur Geschäftsstellenarbeit herangezogen. Da-

8 Die Bevollmächtigten und Gerichtsassessoren sind auch nicht Mitglieder des dänischen Richtervereins. Sie haben einen eigenen Verein. Die Staatsanwälte gehören ebenfalls nicht dem Richterverein an.

9 Dieselben Amtsbezeichnungen – hier und dort – besagen nichts über die Funktion des Amtes.
Beispiele:
Justizsekretär: in Dänemark = Leiter des Justizkontors oder »rechte Hand« des Präsidenten, Jurist;
Polizeimeister (politimester): Leiter eines Polizeibezirks mit staatsanwaltschaftlichen Aufgaben, Jurist;
Staatsanwalt (statsadvokat): entspricht einem leitenden Oberstaatsanwalt;
Wachtmeister: erledigt auch Aufgaben eines Geschäftsstellenbeamten. Jede Abteilung bzw. Kammer hat einen eigenen Wachtmeister.

mit sei hervorgehoben, daß zwar die Zahl der in Dänemark tätigen »Richter« im Verhältnis zur Einwohnerzahl auffallend klein ist (insgesamt etwa 230 bei fünf Millionen Einwohnern), daß aber an den Gerichten außer den Richtern noch andere Juristen beschäftigt sind, die zum Teil richterliche, zum Teil auch Verwaltungsaufgaben wahrnehmen. Hierin liegt ein sehr wesentlicher Gesichtspunkt, der, abgesehen von zahlreichen weiteren Unterschieden, beim Vergleich der Zahl der Richter in der Bundesrepublik mit der in Dänemark, jeweils in Relation zur Einwohnerzahl, nicht unberücksichtigt bleiben darf.

Das Stadtgericht Kopenhagen hat elf Strafabteilungen, fünf Polizeiabteilungen[10] und neun Zivilabteilungen. Jeder Abteilung steht ein Richter vor. Ihr gehören ferner ein Wachtmeister und eine Protokollführerin[11] an. Schreibmaschinenarbeiten werden von einer Zentralkanzlei ausgeführt. Jede Abteilung hat, wie im übrigen auch beim Landgericht und beim Höchsten Gericht, ihren eigenen Sitzungssaal, so daß es niemals zu irgendwelchen Raumschwierigkeiten kommt[12]. Außer den Spruchabteilungen – Zivil- und Strafsachen werden im Rechtspflegegesetz als »eigentliche Rechtspflegesachen« bezeichnet – umfaßt das

10 Die Polizeiabteilungen sind zuständig für »Polizeisachen«, d. h. Strafsachen, in denen der Polizeimeister Strafverfolgungsbehörde ist und Anklage erhebt.

11 Protokoll wird in Dänemark nicht in den betreffenden Akten geführt, sondern fortlaufend handschriftlich in einem Gerichtsbuch (jahrgangsweise). Das Protokoll ist in der Regel nach der Sitzung fertiggestellt. Es muß fertig sein, wenn eine neue Sache, die gleich anschließend im Gerichtsbuch zu protokollieren ist, beginnt. Die Beteiligten erhalten »Abschriften aus dem Gerichtsbuch«.

12 Das ist auch erforderlich, weil die mündliche Verhandlung in Dänemark einen breiteren Raum einnimmt als bei uns. Der Richter ist darauf eingestellt, an drei bis vier Tagen in der Woche zu verhandeln. Dafür entfallen andere Arbeiten, mit denen sich ein deutscher Richter beschäftigt.

Stadtgericht Kopenhagen eine Grundbuchabteilung, eine Zwangsvollstreckungsabteilung und ein Nachlaß- und Teilungsgericht (skifteret[13]). Wegen der Bedeutung und des Umfanges dieser Rechtsgebiete für Kopenhagen sind außer einer Reihe von Bevollmächtigten auch in diesen drei Abteilungen Richter tätig, während hierfür sonst an den Untergerichten im allgemeinen vielfach Bevollmächtigte eingesetzt werden[14].

Die Richter an den Untergerichten verhandeln und entscheiden in den meisten Fällen als Einzelrichter, so in Zivilsachen, Polizeisachen und auch in Staatsanwaltssachen, sofern bei diesen ein Geständnis vorliegt und die Beteiligten mit einem Verfahren vor dem Einzelrichter einverstanden sind (sogenanntes Geständnisverfahren[15]). Die sonstigen Strafsachen, soweit diese unter die Zuständigkeit des Untergerichts fallen, kommen vor das Schöffengericht, bestehend aus einem Berufsrichter und zwei Schöffen. In Wohnungssachen tritt beim Untergericht ein »Wohnungsgericht«

13 Jeder Todesfall wird in Dänemark dem Teilungsgericht (Nachlaßgericht) mitgeteilt, das den Nachlaß, sofern vorhanden, sicherstellt und die Auseinandersetzung unter den Miterben, unter Umständen unter Bestellung eines Anwalts, vermittelt.

14 In jedem Gerichtsbezirk gibt es ein Grundbuchamt (tinglysningskontor). An den zweistelligen Untergerichten untersteht dieses dem Zivilrichter; sind drei Richter vorhanden, untersteht es dem Richter der »3. Abteilung«. – Die Bevollmächtigten an den Untergerichten und am See- und Handelsgericht in Kopenhagen sind kraft Gesetzes befugt, Grundbuch-, Zwangsvollstreckungs-, Nachlaß-, Teilungs- und Notariatsgeschäfte, beim Stadtgericht Kopenhagen ebenfalls Grundbuchsachen, zu bearbeiten, soweit der Aufsichtsrichter sie damit beauftragt. Für andere Tätigkeiten, so für Spruchsachen, bedürfen sie einer Ermächtigung des Justizministers, die als »Konstitution« bezeichnet wird (Anordnung Nr. 298 vom 26. 11. 1926, § 17 a Abs. 1 Rechtspflegegesetz).

15 Vgl. S. 74.

(boligret) – Teil der Zivilabteilung – zusammen, das aus einem Richter und zwei Laienrichtern besteht. Letztere werden vom Präsidenten des Landgerichts auf Vorschlag der Mieter- und Grundeigentümerorganisationen berufen. Dänemark hat zum Teil noch eine Wohnraumbewirtschaftung für Altbauten mit Mietpreisbindungen. Außerhalb von Kopenhagen und Umgebung sind die Untergerichte im Bedarfsfalle auch auch als sogenannte Seegerichte tätig, in deren Zuständigkeit Seeschiffahrtssachen zivilrechtlicher Art, aber auch Strafsachen, in denen Sachkunde über die Schiffahrt erforderlich ist, liegen. In diesen Fällen werden zwei seekundige Männer als Richter hinzugezogen. Ebenso können in Handelssachen nach Ermessen des Gerichts zwei sachkundige Richter für die Verhandlung hinzugezogen werden. Davon wird jedoch in der Praxis wenig Gebrauch gemacht, zumal die Parteien in Handelssachen von einiger Bedeutung häufig die Zuständigkeit des See- und Handelsgerichts in Kopenhagen vereinbaren.

An den größeren Untergerichten, insbesondere am Stadtgericht in Kopenhagen, wechseln die Richter durchweg alle zwei bis drei Jahre von einer Zivil- in eine Strafabteilung und umgekehrt. Dadurch wird der Neigung, auf einem bestimmten Posten sitzen zu bleiben und sich auf Strafrecht oder Zivilrecht zu spezialisieren, entgegengewirkt, was einer späteren Tätigkeit als Richter am Landgericht oder als Richter am Höchsten Gericht zugute kommt; denn sowohl bei den Landgerichten wie auch beim Höchsten Gericht gibt es keine Trennung in Zivil- und Strafabteilungen, sondern jede Abteilung[16] ist gemischt, d. h., sie hat Strafsachen und Zivilsachen zu bearbeiten.

16 Der Ausdruck »Abteilung« wird auch für die Spruchkörper beim Landgericht und beim Höchsten Gericht gebraucht.

Allgemeine Regeln für die Geschäftsverteilung an den mehrstelligen Untergerichten werden vom Justizminister festgesetzt. An den Untergerichten, die einen Präsidenten haben, setzt der Präsident diese Regeln mit Billigung des Justizministers fest. Die Verteilung der Sachen unter den Richtern bestimmt der Präsident nach vorangegangener Aussprache mit den Richtern. Ein Präsidium gibt es nicht. Der Präsident ist auch ohne weiteres befugt, eine im Laufe des Geschäftsjahres in einer Abteilung auftretende starke Belastung dadurch auszugleichen, daß er neue Sachen verstärkt anderen Abteilungen zuteilt.

Unter die Zuständigkeit des Untergerichts fallen, wie bereits erwähnt, die Zwangsvollstreckungs- und Zwangsversteigerungssachen (fogedforretninger), die Nachlaß- und Teilungssachen, wozu in erster Linie Auseinandersetzungen unter Ehegatten und Miterben, Konkurse und auch bestimmte vormundschaftsgerichtliche Aufgaben gehören, sowie das Grundbuchwesen. Es ist üblich, daß dem jüngsten Bevollmächtigten des Untergerichts die Vollstrekkungsgeschäfte übertragen werden. Er ist der »foged« (Vogt), der nach § 480 des Rechtspflegegesetzes ein Richter ist.

Für sämtliche Vollstreckungsgeschäfte, also auch für die Pfändung selbst, ist formell der »foged« zuständig. Das bedeutet aber nicht, daß er selbst in der Wohnung des Schuldners erscheint, sondern für ihn nimmt ein Bediensteter des Gerichts, dem der Präsident des Landgerichts für Vollstreckungsgeschäfte eine besondere Befugnis erteilt hat, die Pfändung vor. Der Pfandgegenstand wird dabei allerdings nicht mit einem Pfandsiegel versehen. Nur wenn Streitigkeiten bei der Pfändung auftreten oder ein Dritter Rechte geltend macht, entscheidet der Vollstrekkungsrichter. Er ist auch zuständig für Drittwiderspruchsklagen. Gegen seine Entscheidungen ist Berufung bzw. Beschwerde beim Landgericht zulässig.

2. a) die Landgerichte

Das *Östliche Landgericht* in Kopenhagen besteht aus einem Präsidenten und 40 Richtern. Es gibt insgesamt 13 Abteilungen (Kammern), von denen jede mit drei Richtern besetzt ist. Die Aufteilung der Sachen auf die einzelnen Abteilungen nimmt von Fall zu Fall der Präsident, dem ein Justizsekretär (Jurist) zur Seite steht, vor, wobei er im allgemeinen bestimmte Grundregeln, denen geographische Gesichtspunkte zugrunde liegen und die er nach Aussprache mit den Gerichtsmitgliedern festgelegt hat, einhält. Er kann hiervon aber auch abweichen, insbesondere auch nach eigenem Ermessen die besondere Belastung einzelner Abteilungen ausgleichen. Ein im voraus aufgestellter und einzuhaltender Geschäftsverteilungsplan in unserem Sinne ist unbekannt. Richter des Landgerichts betonten wiederholt, daß gegen diese dem Präsidenten durch Gesetz gegebene Befugnis nichts einzuwenden sei und zu irgendeinem Mißtrauen kein Anlaß bestehe. Man habe damit bisher nur gute Erfahrungen gemacht, und Schwierigkeiten habe es nicht gegeben. Dem Erfordernis des gesetzlichen Richters werde dadurch durchaus Genüge getan. Jede Kammer bearbeitet etwa 450 Sachen pro Jahr[17]. Diese setzen sich aus erstinstanzlichen Zivil- und Strafsachen, aus Berufungszivil- und -strafsachen sowie aus Beschwerdesachen zusammen. Es gibt beim Landgericht nur gemischte Kammern. In Zivilsachen entscheidet das Gericht in der Besetzung mit drei Berufsrichtern. In See- und Handelssachen treten zwei sachkundige Laienrichter in der Verhandlung

17 Die Zahl erscheint hoch; die Belastung ist aber nicht so stark, wie man ohne nähere Prüfung annehmen könnte. Hauptgewicht wird auf die Verhandlungen gelegt. Die Berufungsurteile sind in der Regel sehr kurz gefaßt. – Die Zusammensetzung der 450 Sachen und deren Bearbeitung werden gesondert dargelegt. – Vgl. S. 57.

hinzu. In Strafsachen ist zu unterscheiden zwischen Berufungsstrafsachen und solchen, die in erster Instanz unter die Zuständigkeit des Landgerichts fallen. Als Berufungsinstanz entscheidet das Gericht in den sogenannten »Polizeisachen« in der Besetzung mit drei Richtern, in »Staatsanwaltssachen« treten drei Schöffen hinzu. Alle erstinstanzlichen Strafsachen beim Landgericht sind Schwurgerichtssachen. Das Schwurgericht, dessen sachliche Zuständigkeit weitgehender ist als bei unserem Schwurgericht[18], besteht aus drei Richtern und zwölf Geschworenen, wobei die Geschworenen über die Schuld des Angeklagten alleine befinden (anglo-amerikanisches Jury-System). Jede Kammer kann praktisch auch mit einem Schwurgerichtsverfahren befaßt werden. Hieraus ist zu ersehen, daß an einen Richter am Landgericht, der eine Beförderungsstelle einnimmt, gleich ob er Vorsitzender oder beisitzender Richter ist, hohe Anforderungen gestellt werden. Die gemischte Tätigkeit der Kammern unter Zuweisung einer bestimmten Anzahl von Sachen im Jahr hat den Vorteil, daß der Richter auf allen Rechtsgebieten auf dem laufenden bleibt und ein Andrang zu einer vom Richter gewünschten und vielleicht allgemein begehrten Tätigkeit, etwa mit dem Hinweis, er sei seit zehn Jahren oder noch länger nur in Zivilsachen oder in Strafsachen tätig gewesen, entfällt. Es gibt diesbezüglich keine Schwierigkeiten bei der Besetzung der Kammern.

Der Präsident gehört keiner bestimmten Kammer an. Er kann aber jederzeit in einer Kammer als Vorsitzender einspringen. Das geschieht im Bedarfsfalle, wenn beispielsweise ein Richter durch Urlaub oder Krankheit ausfällt.

18 Alle die Sachen, bei denen der Strafrahmen acht Jahre Gefängnis und mehr umfaßt, sind Schwurgerichtssachen. Eine Ausnahme bilden die sogenannten Geständnissachen, die ohne Rücksicht auf die Höhe der Strafe vor dem Untergericht verhandelt werden können.

Jede Kammer hat einen Vorsitzenden (formand), der im Gericht in der Regel auch so angesprochen wird. Seine Berufsbezeichnung ist aber dieselbe wie die der beisitzenden Kammermitglieder, nämlich landsdommer[19] (Landrichter). Vorsitzender ist derjenige der Richter beim Landgericht, der vom Landgerichtspräsidenten hierzu bestellt wird. Diese Bestellung gilt jeweils für ein Jahr. Sie kann erneuert werden. Der Präsident pflegt die Vorsitzenden unter den Richtern am Landgericht nach dem Dienstalter (Anciennität) auszuwählen. So ist es seit langem üblich, und davon weicht er nicht ab. In der Praxis ist es auch so, daß derjenige, der einmal zum Vorsitzenden bestellt ist, es künftig auch bleibt. Der Vorsitzende verdient etwa 1000 Kronen monatlich mehr als die beisitzenden Richter.

Das *Westliche Landgericht* in Viborg (Jütland) besteht aus einem Präsidenten und 22 weiteren Richtern. Es umfaßt sieben Kammern. Hierbei gilt auch das, was für das Östliche Landgericht ausgeführt worden ist.

In den Kammern der Landgerichte wirken befristet auch Bevollmächtigte und Richter der Untergerichte mit, beim Östlichen Landgericht in erster Linie Richter des Stadtgerichts Kopenhagen, denen für diesen Fall eine besondere »Konstitution« für die richterliche Tätigkeit beim Landgericht erteilt wird, in der Regel für die Dauer eines halben Jahres. Während dieser Zeit, einer Art Probezeit, soll geprüft werden, ob ein Bevollmächtigter befähigt ist, Richter (dommer) zu werden, bzw. ob ein Richter des Stadtgerichts für eine Beförderung zum Richter am Landgericht in Betracht kommt.

19 Auch dafür besteht ein historischer Hintergrund. Ausgangs des 13. Jahrhunderts erhielt der König Anteil an der rechtsprechenden Gewalt durch einen ihn auf dem Landsting, zu dem jeder Kreis (herred) einen Vertreter entsandte, repräsentierenden hohen Beamten. Dieser wird in den alten dänischen Quellen als »landsdommer« bezeichnet.

b) Das See- und Handelsgericht in Kopenhagen

wurde durch ein Gesetz vom 19. 2. 1861 eingeführt. Dabei wurde erstmalig die bei Einführung der konstitutionellen Monarchie in der Verfassung von 1849 aufgestellte Forderung nach Öffentlichkeit und Mündlichkeit für das Gerichtsverfahren verwirklicht. Das Gericht besteht aus dem Präsidenten, dem Vizepräsidenten – nur diese beiden sind Berufsrichter – und einer Anzahl von sachverständigen Mitgliedern (See- und Handelsrichtern). Die Verteilung der Geschäfte nimmt der Präsident nach Rücksprache mit dem Vizepräsidenten vor. Das See- und Handelsgericht ist an sich örtlich nur zuständig für den Bezirk Kopenhagen und Umgebung, während sonst bei den Untergerichten besondere Abteilungen für See- und Handelssachen bestehen, ebenso wie bei den Landgerichten. Sehr oft treffen die Parteien aber eine besondere Gerichtsstandsvereinbarung, wonach das See- und Handelsgericht in Kopenhagen zuständig sein soll. Daraus ergibt sich die besondere Bedeutung dieses Gerichts. In Zivilsachen entscheidet es in der Besetzung mit einem Berufsrichter und zwei sachverständigen Mitgliedern. Die sogenannte Große Abteilung besteht aus einem Berufsrichter und vier sachverständigen Mitgliedern. Früher wurde so verfahren, daß die Sachen, die nach dem Streitwert sonst vor ein Untergericht gekommen wären, von der Kleinen Abteilung und alle übrigen Sachen von der Großen Abteilung entschieden wurden. Diese Trennung hat man jedoch aufgehoben. Das Rechtspflegegesetz besagt jetzt schlechthin, daß das Gericht vier statt zwei sachkundige Mitglieder hinzuziehen kann, »wenn der Charakter der Sache dafür spricht«. In Strafsachen, für die die abgegrenzte Zuständigkeit – Kopenhagen und Umgebung – zwingend ist, werden durchweg nur zwei sachkundige Mitglieder hinzugezogen. Es geht dabei ausschließlich um Strafsachen, in denen Fachkunde über Schiffs- und Seeverhältnisse für erforderlich gehalten wird (§ 9 Abs. 3 Ziff. 2 RechtspflgG), mithin nicht um Fälle der Wirtschaftskriminalität. – Das See- und Handelsgericht hat eine spezielle Teilungsabteilung, die für Konkurse von Kopenhagener Kaufleuten zuständig ist.

3. Das Höchste Gericht (höjesteret)

besteht aus einem Präsidenten und 14 anderen Richtern. Die Räume des Gerichts liegen in einem Seitenflügel des Schlosses Christiansborg, dem Sitz des Parlaments (folketing), im Zentrum der Stadt, deren Kern im wesentlichen in alter Form bewahrt geblieben ist. Es gibt beim Höchsten Gericht zwei Abteilungen (Senate). In der einen führt der Präsident des Höchsten Gerichts den Vorsitz, in der anderen derjenige Richter, den der Präsident nach Verhandlung mit den Mitgliedern des Gerichts zum Vorsitzenden bestimmt; in der Regel ist es der dienstälteste Richter. Dem Höchstgerichtspräsidenten steht die Verteilung der Geschäfte zu. Nach dem Rechtspflegegesetz müssen bei jeder Entscheidung, soweit nichts anderes bestimmt ist, mindestens fünf Richter teilnehmen. In schwierigen und größeren Sachen pflegt das Gericht in der Besetzung mit sieben Richtern zusammenzutreten. Ausnahmsweise entscheiden auch sämtliche 15 Richter in einer Sache. Ob der Senat aus fünf Richtern oder aus sieben Richtern besteht, wird nach Rücksprache mit den Anwälten in einem vorbereitenden Termin festgelegt. Für Beschwerden ist der »Beschwerdeausschuß« (höjesterets käreudvalg) zuständig, der aus drei von dem Präsidenten bestimmten Richtern des Höchsten Gerichts besteht. In Strafsachen ist das Höchste Gericht praktisch ein Revisionsgericht, obwohl das dänische Recht einen Unterschied zwischen Berufung und Revision nicht kennt, sondern als Rechtsmittel gegen Urteile nur die Berufung (anke) zuläßt.

4. Das besondere Klagegericht

ist Wiederaufnahmegericht in Strafsachen und Disziplinargericht für Richter und einige besonders aufgeführte, an den Gerichten tätige Beamte (Justizsekretär, Leiter des Teilungskontors beim Stadtgericht Kopenhagen, Protokollsekretär beim Höchsten Gericht und Richterbevollmächtigter – alle diese sind Juristen). Es besteht aus drei ordentlichen Mitgliedern, die auf Vorschlag des Justizministers vom König für zehn Jahre ernannt werden, und zwar aus je einem Richter des Höchsten Gerichts, eines Landgerichts und eines Untergerichts. Das Höchste Gericht, das Landgericht und der dänische Richterverein schlagen hierfür je vier Personen vor, unter denen dann die Auswahl getroffen wird. Nach Ablauf der zehn Jahre ist die Wiederbestellung eines Mitgliedes ausgeschlossen.

Bei der Wiederaufnahme einer Strafsache treten außerdem zwei weitere Personen hinzu, von denen der eine ein von der Anwaltskammer vorgeschlagener Rechtsanwalt ist, während der andere ein Hochschullehrer der juristischen Fakultät oder zum mindesten ein Jurist mit besonderer wissenschaftlicher Qualifikation sein muß. Derjenige Richter des besonderen Klagegerichts, der dem Höchsten Gericht angehört, nimmt die Aufgaben eines Präsidenten wahr. Die geschäfts- und kanzleimäßige Bearbeitung der eingehenden Sachen obliegt dem Justizkontor beim Höchsten Gericht.

Der Präsident und die Mitglieder des besonderen Klagegerichts erhalten für diese Tätigkeit eine besondere Vergütung. Der Sitz des Gerichts ist Kopenhagen. Es kann jedoch auch an einem anderen Ort nach Bestimmung des Präsidenten verhandeln, wenn die Umstände es erfordern.

II. Richtervorbildung, Richterernennung

Das juristische Studium, das die Ablegung der Reifeprüfung (studentereksamen) voraussetzt, dauert etwa sechs Jahre und schließt mit dem juristischen Staatsexamen ab. Eine Referendarzeit mit anschließendem zweiten Examen gibt es nicht. Während des Studiums kann sich der Jurastudent in den Semesterferien an einem Gericht umsehen und mit der Praxis etwas vertraut machen, ohne daß ihm dabei irgendeine Ausbildung zuteil wird. Nach bestandenem Staatsexamen kann er als »Bevollmächtigter« in den Justizdienst oder Polizeidienst[1] übernommen werden. Für die Einstellung ist die Examensnote nicht ohne Bedeutung. Zwar ist für die Tätigkeit als Bevollmächtigter schlechthin das bestandene juristische Staatsexamen erforderlich. Jedoch kann später – nach etwa 15–25jähriger Dienstzeit – nur derjenige Richter (dommer) werden, der das juristische Staatsexamen mit einer Note ersten Grades (Prädikat) bestanden hat, ausnahmsweise auch derjenige, der das Examen mit einer Note zweiten Grades erster Stufe bestanden hat, »wenn er sich als besonders tüchtig in der Praxis gezeigt hat«. Das bestimmt das Rechtspflegegesetz ausdrücklich. Da die Richter aus den Kreisen der Bevollmächtigten ernannt werden, achtet das Justizministerium bei der ersten Einstellung darauf, daß die Examensbedingungen, die für Richter gelten, erfüllt sind. Dänemark hat auch hierbei keine Nachwuchssorgen für den richterlichen Dienst. Allerdings bedeutet »Note ersten Grades« nicht die

1 Die dänische Polizei untersteht dem Justizminister. Sie nimmt weitgehend staatsanwaltschaftliche Aufgaben wahr.

höchstmögliche Note. Bei der juristischen Prüfung geht man nach einem Punktsystem vor. Die Punktskala ging früher bis 16. Mit zehn Punkten galt die Prüfung noch als bestanden (entspricht »ausreichend«), darunter nicht mehr. Die Note ersten Grades begann zwischen elf und zwölf Punkten (11,67). Jetzt gilt einheitlich im Unterrichts- und Prüfungswesen eine Notenskala, die »13« als höchste Punktzahl hat und bei der eine »6« noch ausreichend ist. – Die Bevollmächtigten werden, auch soweit sie an den Gerichten arbeiten, nicht als Richter bezeichnet, sondern rechnen zum juristischen Personal. Die für Dänemark bekannte Zahl an Richtern enthält nicht die Bevollmächtigten.

Die Bevollmächtigten werden nach Übernahme an den Untergerichten, bei der Staatsanwaltschaft[2] oder auch bei einem Polizeimeister (Leiter eines Polizeibezirks) eingesetzt. Bei guter Examensnote finden sie auch im Justizministerium Verwendung, nicht etwa, um dort für immer zu verbleiben, sondern um dadurch günstige Voraussetzungen für die spätere Ernennung zum Richter zu schaffen. Dem Justizministerium obliegen in Dänemark mehr Aufgaben, als das bei uns der Fall ist. Abgesehen davon, daß auch die Polizei dem Justizminister untersteht, hat es auch Aufgaben innerhalb der Rechtspflege selbst zu erfüllen (Bewilligung der dritten Instanz in Berufungs- und Beschwerdesachen, Bewilligung des »freien Prozesses« = Armenrecht, Liste der Pflichtverteidiger, Gebührenangelegenheiten der Anwälte etc.). Deshalb ist es nicht verwunderlich, daß im Justizministerium eine ganze Reihe von jüngeren Bevollmächtigten arbeiten und daß deren Tätigkeit als eine gute Vorbildung für den eigentlichen Richterberuf angesehen wird. Es ist auch durchaus üblich, im Justizministerium beschäftigte Bevollmächtigte nebenbei als Halbtagskräfte

2 An den Gerichten sind etwa 300, bei der Staatsanwaltschaft 46, bei der Polizei 188 Bevollmächtigte beschäftigt.

zur Staatsanwaltschaft oder zur Polizei abzuordnen, wofür sie eine besondere Vergütung erhalten. Dadurch wird nicht nur dem ständig steigenden Bedarf an Juristen bei den Strafverfolgungsbehörden abgeholfen, sondern auch dem Gedanken einer möglichst vielseitigen Ausbildung im Hinblick auf die eines Tages in Betracht kommende Ernennung zum Richter Rechnung getragen. Die Tätigkeit als Bevollmächtigter im Justizministerium ist unter anderem auch deshalb begehrt, weil bei Bewährung die Ernennung zum Richter an einem Untergericht in der Regel nach etwa 15 Jahren erfolgt (etwa im 40. Lebensjahr), während die Wartezeit im Falle einer anderen Tätigkeit sonst im allgemeinen länger dauert[3]. Es kommt auch vor, daß jemand zeitlebens Bevollmächtigter an einem Gericht oder bei der Staatsanwaltschaft ist und niemals zum Richter oder Staatsanwalt ernannt wird. Dabei ist er als Bevollmächtigter – ein älterer Bevollmächtigter wird meistens zum »Gerichtsassessor« ernannt – durchaus angesehen. Er wird auch gut besoldet.

Die Bevollmächtigten werden bei den Untergerichten anfangs vorwiegend in Nachlaß- und Teilungssachen, in Zwangsvollstreckungssachen und in Grundbuchsachen eingesetzt. Es ist üblich, dem jüngsten Bevollmächtigten die Vollstreckungsabteilung als »foged« zu übertragen. Erst nach einigen Jahren können sie mit besonderer Ermächtigung (»Konstitution«) mit Spruchtätigkeit in Zivil- und

3 Ernennung zum Richter sonst in der Regel zwischen dem 45. und 50. Lebensjahr. – Tätigkeit im Ministerium führt durchweg nicht dazu, dem Betreffenden sogleich eine Richter-Beförderungsstelle zu übertragen, sondern schon die Ernennung zum »Richter« wird als Beförderung angesehen. – Als Ausnahmefall wurde angegeben, daß ein Kontorchef aus dem Ministerium, der etwa einem Ministerialrat bei uns entspricht, sich um eine Stelle als Richter am Landgericht (nicht als Vorsitzender) bewerben könne.

Strafsachen betraut werden. Diese sind aber meistens kleineren Umfangs und beschränken sich auf Zivilsachen bis zu einem Streitwert von 1000 Kronen und in Strafsachen auf sogenannte »Polizeisachen«. Zunächst wird die »Konstitution« in der Regel befristet, später wird sie für ein bestimmtes Gericht auf Dauer erteilt. Der Bevollmächtigte ist an den Gerichten, die mit einem Richter besetzt sind, zugleich auch Vertreter des Richters für den Fall, daß dieser vorübergehend abwesend ist (Urlaub, kurze Erkrankung).

Um diesen langen Weg bis zur Richterernennung zu veranschaulichen, sei aus einem Zeitungsbericht über einen Richter, der im Jahre 1972 seinen 80. Geburtstag feiern konnte, folgendes entnommen:

> Richter R. Ole Sörensen wohnt nach wie vor in seinem früheren Gerichtsbezirk Köge. Er stammt aus Jütland und wurde 1910 Student. Nach Ablegung des juristischen Staatsexamens wurde er im Jahr der Gerichtsreform[4] 1919 am neuen Östlichen Landgericht als »Sekretär« und später gleichzeitig im Handelsministerium angestellt. Im Jahre 1922 ging er jedoch als Richterbevollmächtigter nach Helsingör, und in dieser Stadt am Sund saß er während seiner gesamten Bevollmächtigtenzeit mehr als 20 Jahre, bis er 1941 in den fast entgegengesetzten Teil des Landes umzog, wobei er zum Richter in der Kaufstadt Lemvig ernannt wurde. Von hier zog er 10 Jahre später nach Köge, wo er sein Richteramt bis zu seinem Abschied im Jahre 1962 ausübte.

Ein solcher Berufsweg ist für einen Richter in Dänemark auch heute noch charakteristisch. Die meisten Richter vom

4 Die grundlegenden Reformbestrebungen erstreckten sich seit 1849 über fast sieben Jahrzehnte. Sie fanden ihren vorläufigen Abschluß im Rechtspflegegesetz (Lov om Rettens Pleje) vom 11. 4. 1916, das am 1. 10. 1919 in Kraft trat. Das Gesetz ist seitdem in einzelnen Bestimmungen wiederholt geändert oder ergänzt worden. Man versucht, es den Erfordernissen der Entwicklung anzupassen.

Stadtgericht in Kopenhagen, mit denen ich sprach, sind früher im Justizministerium tätig gewesen. Nach zwei bis drei Dienstjahren im Ministerium wurden sie für etwa zwei Jahre entweder als Richterbevollmächtigte oder Polizeibevollmächtigte in die Provinz abgeordnet[5], um dann zunächst Bevollmächtigte beim Stadtgericht in Kopenhagen zu werden. Früher als üblich – etwa mit 35–40 Jahren – wurden sie anschließend daselbst zu Richtern ernannt. Kopenhagen nimmt eine gewisse Sonderstellung ein. Daß die Richter am Stadtgericht früher als üblich ernannt werden, hängt sicherlich auch damit zusammen, daß freiwerdende oder neue Richterplanstellen am Östlichen Landgericht vorwiegend mit Richtern vom Stadtgericht in Kopenhagen besetzt werden, nachdem diese mindestens drei Jahre als solche tätig gewesen sind. Ein Richter beim Untergericht außerhalb Kopenhagens kann zwar auch Richter am Landgericht werden. Das kommt jedoch selten vor. In der Regel bleibt er in seinem Amt. Richter am Höchsten Gericht kann in der Regel nur werden, wer mindestens drei Jahre Richter am Landgericht, Präsident des Stadtgerichts Kopenhagen oder eines der Stadt- und Kreisgerichte, die mit einem Präsidenten besetzt sind, Präsident oder Vizepräsident beim See- und Handelsgericht in Kopenhagen, Rechtsanwalt mit Zulassung beim Höchsten Gericht oder Departementschef im Justizministerium oder Universitätsprofessor ist. In der Praxis werden die Richter am Höchsten Gericht aus dem Kreise der Richter an den beiden Landgerichten »rekrutiert«. Vor der Ernennung muß der in Frage kommende Richter seine Qualifikation dadurch unter Beweis stellen, daß er beim Höchsten Gericht in mindestens vier Sachen, davon mindestens in einer

5 Der Polizeikreis Tondern war viele Jahre »festes Außenkommando« für junge Juristen im Ministerium.

Zivilsache, votiert[6]. Wird jemand für geeignet angesehen, Richter beim Höchsten Gericht zu werden, ist man bestrebt, ihn nicht allzulange am Landgericht zu lassen, sofern Planstellen frei werden, um so einer Überalterung der Richterschaft am Höchsten Gericht vorzubeugen.

Die Richter werden vom König auf Vorschlag des Justizministers ernannt, wobei Beurteilungen der Präsidenten eine Rolle spielen können. Richterwahlausschüsse und Richterräte hat Dänemark nicht. Für die Ernennung zum Richter am Höchsten Gericht ist nach der bestehenden Praxis der Vorschlag des Höchsten Gerichts selbst maßgebend. Zum Präsidenten des Höchsten Gerichts wird in der Regel derjenige ernannt, den die Richter des Höchsten Gerichts aus ihren Reihen vorschlagen.

Die Ernennung an das Höchste Gericht erfolgt als »Höjesteretsdommer« (Höchstgerichtsrichter), an das Landgericht als »landsdommer« (Landrichter), an die übrigen Gerichte, abgesehen vom See- und Handelsgericht in Kopenhagen, als »dommer« (Richter). Es gibt mithin drei Richterbezeichnungen (dommer, landsdommer, höjesteretsdommer), die auch in dieser Form geführt werden[7]. Hinzu kommt die Bezeichnung als Gerichtspräsident. Der Vorsitzende eines Kollegialgerichts ist »formand« (Vorsitzender) und wird vielfach, jedenfalls in den Verhandlungen, auch so angesprochen. In den Urteilen erscheint er an erster Stelle unter den Richtern, wird aber dort ebenfalls schlicht

6 Diese »Prüfung« soll mehr formeller Natur sein. Derjenige, der für ein solches Probevotum ausersehen ist, kann damit rechnen, daß er auch ernannt wird. Die Bestimmung wirkt sich aber als Veto-Möglichkeit für das Höchste Gericht in einem Falle aus, in dem das Ministerium jemanden ernennen möchte, den das Höchste Gericht jedoch nicht akzeptieren zu können glaubt. Ein solches Veto hat das Höchste Gericht aber nur einmal – vor etwa 60 Jahren – eingelegt.

7 Sind zwei Richter an einem Untergericht tätig, ist der offizielle Titel »civildommer« bzw. »kriminaldommer«.

als »dommer« (landsdommer, höjesteretsdommer) bezeichnet.

Die Richter werden in Dänemark mit der Vollendung des 70. Lebensjahres pensioniert. Versetzung in den Ruhestand ist auf Antrag vom 65. Lebensjahr ab möglich. Jedoch soll bei vorzeitigem Ausscheiden die Höchstpension nicht erreicht werden.

Der Richter darf in Dänemark am politischen Leben aktiv teilnehmen. Er kann sogar in eine gesetzgebende Körperschaft gewählt werden und Mitglied des Parlaments (folketing) sein, ohne seine Tätigkeit als Richter aufgeben zu müssen. Eine dem Verbot des § 36 des deutschen Richtergesetzes entsprechende Bestimmung gibt es nicht. Eine Nebentätigkeit der Richter in Form einer Mitarbeit an öffentlichen Aufgaben, so insbesondere als Mitglied irgendeines Ausschusses (z. B. für Justizfragen, Wege und Straßen, Naturschutz, Enteignung, Steuern etc.), ist üblich und sogar erwünscht[8]. Die Lehre von der Gewaltentrennung wird in Dänemark mehr rein technisch in dem Sinne aufgefaßt, daß die staatliche Tätigkeit auf bestimmte dazu eingerichtete und geeignete Organe verteilt ist, daß jedoch eine strenge personelle Abgrenzung nicht erforderlich sei, vielmehr gewisse Überschneidungen durchaus gestattet seien.

Die Richterbesoldung ist im Jahre 1969 zusammen mit der Beamtenbesoldung neu geregelt worden. Die Richter sind in die höchsten Gehaltsgruppen (Gruppen 36–40 von insgesamt 40 Besoldungsgruppen) eingestuft worden. Ein Richter am Untergericht bezog im Jahre 1972/73 etwa 120 000–125 000 Kronen, ein Richter am Landgericht etwa

8 Das Richterpensum, insbesondere für die Richter am Landgericht und am Höchsten Gericht, soll auch darauf abgestellt sein, daß der Richter noch einer öffentlichen Nebentätigkeit nachgeht. Ob das tatsächlich generell zutrifft, erscheint fraglich.

135 000 Kronen (der Vorsitzende 10 000–12 000 Kronen mehr), ein Richter am Höchsten Gericht etwa 155 000–160 000 Kronen jährlich. Die Richter am Höchsten Gericht sind besoldungsmäßig den Präsidenten der beiden Landgerichte gleichgestellt (Gruppe 39). Nur der Präsident des Höchsten Gerichts ist in der höchsten Gruppe (Gruppe 40), er bezieht etwa 185 000 Kronen jährlich[9]. Die Bevollmächtigten und Gerichtsassessoren erhalten je nach Dienstalter pro Jahr 50 000–80 000 Kronen, in späteren Jahren, sofern sie richterliche Tätigkeiten ausüben, bis zu ca. 110 000 Kronen. – Die Steuern sind in Dänemark sehr hoch. Man muß durchschnittlich mit 50–55% Abzügen, bezogen auf die genannten Bruttogehälter, rechnen. In der Spitze liegt der Steuerhöchstsatz bei $66^2/_3$%, so daß von Gehaltszuschlägen und von Einnahmen aus Nebentätigkeit dem Richter meistens nur ein Drittel verbleibt.

9 Die Bezüge sind zwischenzeitlich wegen anhaltender erheblicher Preissteigerungen allgemein weiter heraufgesetzt worden.

III. Zivilverfahren

A. Sachliche Zuständigkeit der Gerichte in Zivilsachen

Nach der im Rechtspflegegesetz enthaltenen Regelung gegehören alle bürgerlichen Rechtsstreitigkeiten in erster Instanz vor die Landgerichte, es sei denn, daß sie den Untergerichten zugewiesen sind oder die Zuständigkeit des Untergerichts besonders vereinbart wird, soweit das gesetzlich zulässig ist (Prorogation). Die folgende Bestimmung enthält dann alles das, was den Untergerichten zugewiesen ist. Auf der Grundlage dieses Katalogs werden in der Praxis die überwiegende Zahl der Sachen beim Untergericht anhängig gemacht.

Nach § 225 des Rechtspflegegesetzes sind die Untergerichte zuständig für:

1. vermögensrechtliche Streitigkeiten, sofern der Streitwert 10 000 Kronen nicht übersteigt. Noch im Jahre 1957 lag die Streitwertgrenze bei 3000 Kronen, später wurde sie auf 6000 Kronen heraufgesetzt. Seit dem 1. 7. 1970 liegt sie bei 10 000 Kronen (= ca. 4300 DM)[1];
2. Steuer- und Abgabensachen bis zu 10 000 Kronen[1];
3. bestimmte Sachen betr. Rechte an unbeweglichem Eigentum (insbesondere Servituten);

1 Der Rechtspflegeausschuß hat vorgeschlagen, die Zuständigkeitsgrenze zwischen Untergericht und Landgericht auf 30 000 Kronen (= ca. 12 900 DM) heraufzusetzen. Das Gesetz soll am 1. 4. 1975 in Kraft treten. Die Entwertung der dänischen Krone in den letzten Jahren und die steigende Zahl von Zivilprozessen bei den beiden Landgerichten zwingen zu dieser Maßnahme.

4. Wechsel- und Schecksachen (einschl. bestimmter anderer Schuldbriefe);
5. Ehesachen;
6. Aufgebotssachen;
7. Sachen betr. den Erwerb von Eigentumsurteilen;
8. Vaterschaftssachen;
9. Privatklagesachen, soweit keine höhere Ersatzforderung als 10 000 Kronen[1] geltend gemacht wird. – Privatklagesachen (strafbare Handlungen, die nach dem Gesetz privater Verfolgung überlassen sind) sind in Dänemark nach den Regeln über den Zivilprozeß bei Gericht anhängig zu machen. Sie erscheinen in der Statistik unter den »bürgerlichen« Rechtssachen. In der Praxis fallen sie kaum ins Gewicht;
10. Sachen nach dem sogenannten Mithelfergesetz (= Streitigkeiten zwischen Arbeitgebern und Landarbeitern bzw. Hausangestellten, die Kost und Logis als Teil der Vergütung erhalten).

Ferner zählen zu den den Untergerichten zugewiesenen bürgerlichen Rechtssachen:

Entmündigungs- und Pflegschaftssachen (hierfür gilt jedoch die Einschränkung, daß in bestimmten Fällen das Landgericht zuständig ist).

Überprüfung einer von der Verwaltung angeordneten Freiheitsberaubung außerhalb der Strafrechtspflege (entspricht etwa unserem Unterbringungsgesetz, jedoch erfolgt die Prüfung nur auf Antrag);

Wohnungssachen – unter Hinzuziehung von zwei Laienrichtern (hierzu gehören u. a. auch Mietpreisfestsetzungen seitens der Behörde, die gerichtlich nachgeprüft werden).

Alle übrigen Sachen fallen unter die erstinstanzliche Zuständigkeit des Landgerichts, sofern nicht die Zuständigkeit des Untergerichts wirksam zwischen den Parteien vereinbart worden ist.

1 Siehe S. 25

Die Sachen zu Ziffer 1 und 5 sowie die Wohnungssachen stellen den Hauptarbeitsanfall in den Zivilabteilungen der Untergerichte dar. Zu beachten ist hierbei, daß die Zuständigkeitsgrenze erheblich höher liegt als bei uns, nämlich bei 10 000 Kronen[2], und daß Ehesachen in erster Instanz vor das Untergericht (Einzelrichter) kommen. Die Ehesachen umfassen Separation (Bewilligung des Getrenntlebens), Scheidung und Eheaufhebung. Jedoch kommt der größte Teil der Ehesachen überhaupt nicht vor Gericht[3]. Vielmehr können Separation und Scheidung behördlich (»administrativ«) bewilligt werden, sofern sich die Partner einig sind. Davon wird weitgehend Gebrauch gemacht.

Schadensersatzprozesse auf Grund von Verkehrsunfällen werden nur äußerst selten in den Zivilabteilungen anhängig gemacht; denn das dänische Verkehrsgesetz schreibt vor, daß über derartige Ersatzansprüche im Zusammenhang mit dem Verkehrsstrafverfahren, das in der Regel als »Polizeisache« beim Untergericht läuft, zu entscheiden ist (Adhäsionsverfahren)[4]. Dabei ist die Kompetenz des Strafrichters beim Untergericht streitwertmäßig nicht begrenzt.

Schließlich ist an dieser Stelle noch darauf hinzuweisen, daß über Armenrechtsgesuche vor Klagerhebung nicht das Gericht entscheidet. Vielmehr bewilligt die Verwaltungsbehörde, bei der das Gesuch anzubringen ist, den »freien Prozeß«. In Berufungs- und Beschwerdesachen ist dafür das Justizministerium zuständig. Das Gericht soll eben durch Bewilligung oder Ablehnung des »freien Prozesses« keine Vorabentscheidung treffen, wodurch der Anschein von Voreingenommenheit entstehen könnte, wenn es zum eigentlichen Rechtsstreit kommt.

2 Vgl. Fußn. 1, S. 25.

3 Anders ist es in Schweden. Nur der Richter kann dort eine Ehe scheiden. – Er allein ist auch für bürgerliche Eheschließungen zuständig.

4 Vgl. S. 110.

B. Rechtsmittel in Zivilsachen

In Dänemark besteht dem Grundsatz nach der Zwei-Instanzen-Zug in Zivil- und Strafsachen.

Alle bürgerlichen Rechtsstreitigkeiten können ohne Rücksicht auf den Streitwert vor zwei Instanzen gebracht werden. Urteile des Untergerichts sind mit der Berufung (»anke«) beim Landgericht anfechtbar; erstinstanzliche Urteile des Landgerichts werden beim Höchsten Gericht mit der Berufung angefochten. Dasselbe gilt für Urteile des See- und Handelsgerichts in Kopenhagen.

Für Urteile des Untergerichts, über die das Landgericht als Berufungsinstanz entschieden hat, kann ausnahmsweise vom Justizminister eine dritte Instanz zugelassen werden, sofern die Sache von allgemeinem Interesse ist oder weitreichende bedeutende Folgen für den Berufungskläger hat. Auf diese Weise kommt die Sache dann vor das Höchste Gericht als dritte Instanz.

Die Beschwerde (Käre) ist gegeben gegen »Erkenntnisse und andere Beschlüsse« des Untergerichts und des Landgerichts (als erster Instanz), die gesondert vor der nächsthöheren Instanz angefochten werden können, ohne daß eine Entscheidung (Urteil) in der Sache selbst abgewartet zu werden braucht. Auch hierbei gibt es jeweils nur zwei Instanzen, jedoch kann der Justizminister für Entscheidungen des Untergerichts ausnahmsweise die dritte Instanz zulassen. Interessant ist, daß Kostenentscheidungen, die entweder dahin lauten, daß die Kosten gegeneinander aufgehoben werden, oder bestimmen, daß die eine Partei der anderen einen vom Gericht bereits im Urteil festgesetzten Betrag zu erstatten hat, isoliert mit der Beschwerde nur mit Zulassung des Justizministeriums angefochten werden können.

C. Verfahrensablauf

1. Reformbewegung nach 1849 – Rechtspflegegesetz

Wer sich mit dem dänischen Rechtssystem beschäftigt, stößt gleich zu Beginn seiner Studien auf das »Lov om Rettens Pleje« (Rechtspflegegesetz). Dieses Gesetz, das in seiner ursprünglichen Fassung vom 11. 4. 1916 datiert, war das Ergebnis einer langen Reformarbeit, deren Ausgang in der Verfassung von 1849, der ersten demokratischen Verfassung des Landes nach Abschaffung des Absolutismus, zu suchen ist. Hierin war bestimmt, daß die Rechtspflege von der Verwaltung zu trennen sei, daß der Richter unabhängig sei, daß der Grundsatz der Öffentlichkeit und Mündlichkeit eingeführt werden solle und daß in allen größeren Strafsachen (bei »Missetaten und in Sachen, die aus politischen Delikten entstehen«) Geschworene (Nävninger[5]) mitwirken sollten – Forderungen, die auch in spätere Verfassungsgesetze Eingang fanden, bis sie endgültig verwirklicht wurden.

Die Reformbewegung des 19. Jahrhunderts erstreckte sich in erster Linie auf das Strafverfahren. Man erkannte jedoch bald, daß bestimmte Grundprinzipien auch im Zi-

5 Schon zur Zeit der Landschaftsrechte (Rechte in Jütland, Seeland und Schonen) gab es im 13. Jahrhundert »Nävninger« (auszusprechen· nä:uninger), d. h. ausgewählte Männer, die in einer auf dem Ting verhandelten Rechtssache ihre Auffassung unter Eid darzutun hatten. Ihre Aussage wurde als Beweis gewertet. – Man kann aber noch weiter zurückgreifen. Schon um 900 führten die Normannen in Ost- und Mittelengland in »Danelagen« (Danelaw – Teil Englands, in dem altdänisches Recht vorherrschend war) ihr Strafrechtssystem mit zwölf »führenden Männern« (thaner) ein. Das Jury-System, das Dänemark in neuerer Zeit aus England übernommen hat, stammt mithin wohl ursprünglich aus dem Norden.

vilverfahren anwendbar seien. Auf einzelnen Teilgebieten wurde dann der Grundsatz der Mündlichkeit bereits in der zweiten Hälfte des 19. Jahrhunderts verwirklicht, so nach dem Gesetz über die Errichtung eines See- und Handelsgerichts in Kopenhagen vom 19. 2. 1861 sowie nach dem Gesetz »über die Behandlung von gewissen Polizeisachen« vom 11. 2. 1863. Insgesamt dauerten die Vorarbeiten bis zur Verwirklichung der Reform nahezu sieben Jahrzehnte, wobei nacheinander mehrere Kommissionen eingesetzt waren, die jeweils Entwürfe ausarbeiteten. Die neue Prozeßordnung trat am 1. 10. 1919 in Kraft. Die lange Vorbereitungszeit war insofern vorteilhaft, als man die Erfahrungen anderer Länder mit ihren Prozeßsystemen, so vorwiegend die in Deutschland, England und Österreich, mit verwerten konnte.

Das Rechtspflegegesetz aus dem Jahre 1916 ist im Laufe der folgenden Jahrzehnte häufig geändert worden, die letzte Bekanntmachung datiert vom 1. 7. 1963. Danach sind bis Juli 1972 noch neun Änderungsgesetze in Kraft getreten. In seinen Grundzügen ist das Gesetz jedoch erhalten geblieben. Justizausschüsse, denen auch Richter angehören, überarbeiten eigentlich ständig einzelne aktuelle Teilgebiete, so daß auch künftig mit Änderungen auf Grund neuer Erkenntnisse zu rechnen ist[6].

Das Rechtspflegegesetz umfaßt die Gerichtsverfassung, Richteramtsrecht, Strafprozeßordnung, Zivilprozeßordnung, Zwangsvollstreckungsrecht und Zwangsversteigerungsrecht. Es besteht aus 95 Kapiteln und umfaßt die §§ 1–1018 m. Einige Paragraphen sind aufgehoben, dafür andere durch Verwendung von Unterbuchstaben (a, b, c ...) eingefügt. Die gesetzlichen Regelungen des Zivil- und Strafprozesses sind im dänischen Recht nicht so um-

6 Neuerdings ist die Erhöhung der Streitwertgrenze für Untergerichtssachen in Arbeit (Vorschlag: 30 000 Kronen).

fassend und perfekt wie bei uns. Der dänische Richter ist zwar auch durchaus gewissen Grundregeln in der Prozeßführung unterworfen, insgesamt gesehen ist er jedoch freier gestellt. Dem Richter bleibt insbesondere dort, wo das Gesetz nichts bestimmt, ein breiter Ermessensspielraum. Mit dem in mancher Hinsicht inhaltlich knapp gehaltenen Rechtspflegegesetz ist man bislang offenbar gut ausgekommen; dänische Richter sind sogar der Auffassung, daß das Gesetz viel zu umfangreich sei und ohne weiteres erheblich »zusammengestrichen« werden könnte. Sie verweisen auch darauf, daß es keinen Sinn habe und sogar hoffnungslos sei, das Rechtspflegegesetz zu eingehend zu studieren, sondern der Neuling solle in erster Linie darauf achten, wie die Praxis gehandhabt werde. Darauf sind nun die nachfolgenden Ausführungen vorrangig abgestellt. Sie erstrecken sich hauptsächlich darauf, in welchen wesentlichen Punkten sich das Verfahrensrecht von dem unserigen unterscheidet. Dabei sollen auch bestimmte Gepflogenheiten, die in der Praxis von Bedeutung sind, erörtert werden.

2. Einleitung der Klage – Ladungsschrift

Wie zum Aufbau und Instanzenzug ausgeführt, sind erstinstanzliche Gerichte das Untergericht und das Landgericht. Das Höchste Gericht ist ausschließlich ein Rechtsmittelgericht. Das Landgericht ist zugleich Berufungs- und Beschwerdegericht. Parteibetrieb, Verhandlungsmaxime, Öffentlichkeit und Mündlichkeit prägen den dänischen Zivilprozeß. Das schriftliche Verfahren bildet die Ausnahme. Es ist beim Untergericht und Landgericht nur zugelassen in »weitläufigen Abrechnungssachen« und »verwickelten Rechtssachen«.

Wie in der ZPO behandelt das dänische Rechtspflegegesetz zunächst die Vorschriften, die für das landgerichtliche Verfahren gelten, und danach erst das Verfahren vor dem Untergericht, wobei, soweit nichts anderes bestimmt ist, auf die Vorschriften für das Verfahren vor dem Landgericht zurückgegriffen wird. Das Verfahren vor beiden Gerichten ist weitgehend angeglichen. Anwaltszwang besteht bei keinem Gericht. Der Rechtsstreit vor dem Landgericht wird jedoch in der Praxis als Anwaltsprozeß geführt, d. h., es ist absolut unüblich, daß hier die Parteien ihre Interessen selbst wahrnehmen[7].

Das Zivilverfahren wird durch eine »Ladungsschrift« eingeleitet, die etwa unserer Klageschrift entspricht. Es gibt in Dänemark kein Mahnverfahren. Die Ladungsschrift muß, abgesehen von der Bezeichnung der Parteien, den Klageantrag enthalten sowie eine knappe Darstellung der Tatsachen, auf die der Anspruch gestützt wird. Sie soll ferner die Urkunden bezeichnen, auf die sich der Kläger beruft. Die Ladungsschrift wird bei Gericht eingereicht. Das Gerichtskontor vermerkt auf der Ladungsschrift den Termin und händigt sie darauf dem Kläger wieder aus. Der Kläger hat nunmehr im Parteibetrieb die Zustellung (im Dänischen als »Verkündung« bezeichnet) durch einen Zustellungsbeamten zu veranlassen. Die Ladungsfrist beträgt, sofern der Beklagte seinen Wohnsitz innerhalb des Gerichtsbezirks hat, im Verfahren vor dem Untergericht eine Woche, in dem vor dem Landgericht zwei Wochen, sonst zwei bzw. drei Wochen[8].

7 Erst recht wird kaum jemand auf den Gedanken kommen, in der Rechtsmittelinstanz beim Höchsten Gericht ohne Anwalt zu erscheinen, wo man ohnehin »am liebsten nur Advokaten sieht«. – Interessant ist, wie ohne gesetzlichen Zwang der Anwaltsprozeß praktiziert wird.

8 Bei Wohnsitz auf den Färöern, auf Grönland oder im Ausland setzt der Richter die Ladungsfrist fest.

3. gewöhnlicher Gerichtstag – Vorbereitung der Hauptverhandlung

Neu eingehende Sachen werden auf den »gewöhnlichen Gerichtstag« (den ordinäre retsdag) anberaumt[9], der einmal in der Woche an einem bestimmten Wochentag vormittags ab 10.00 mit einer Dauer von ein bis zwei Stunden abgehalten wird. Beim Untergericht stehen am »gewöhnlichen Gerichtstag« etwa 50–60 Sachen an. Der Kläger bzw. sein Anwalt tritt bei Aufruf vor und überreicht die Ladungsschrift mit dem Zustellungsnachweis (Akten bestehen bis dahin noch nicht). Ist der Beklagte nicht erschienen, ergeht auf Antrag Versäumnisurteil. Umgekehrt kann die Klage auch durch Versäumnisurteil abgewiesen werden. Jedoch handelt es sich hierbei nicht, wie nach deutschem Recht (§ 330 ZPO) um eine Sachabweisung, sondern um eine Prozeßabweisung – im dänischen Recht als »Abweisung« bezeichnet im Gegensatz zum »Freispruch« (= Sachabweisung) –, so daß der Kläger nicht gehindert ist, den gleichen Anspruch in einem neuen Verfahren geltend zu machen. Es ist auch möglich, eine durch Versäumnisurteil entschiedene Sache »wiederaufzunehmen«, jedoch gelten hierfür strengere Regeln als bei uns für den Einspruch. Ein weiterer Teil der Sachen erledigt sich im ersten Termin durch Anerkenntnisurteil oder Vergleich, meist Abzahlungsvergleich. Wenn beide Parteien nicht erscheinen, wird die Sache aufgehoben. Sie kann im selben Verfahren nicht wiederaufgenommen werden. Für die zurückbleibenden streitigen Sachen bedeutet die Verhandlung auf dem »gewöhnlichen Gerichtstag« lediglich die

9 Der Rechtspflegeausschuß hat in der Denkschrift Nr. 698/1973 vorgeschlagen, bei »Inkassosachen« keinen Termin mehr abzuhalten, sondern diese durch das Personal des Richterkontors (dommerkontor) bearbeiten zu lassen. Damit wäre eine Parallele zu unserem Mahnverfahren gegeben. In Richterkreisen stößt der Vorschlag auf Ablehnung.

Vorbereitung einer zu erwartenden Hauptverhandlung; denn man muß bei der Behandlung der Sache unterscheiden zwischen Vorbereitungsterminen und der eigentlichen Hauptverhandlung (»domsforhandling« = Urteilsverhandlung). Nach Aufnahme der Anträge in das Gerichtsbuch fragt der Richter, ob die Sache zur Hauptverhandlung angesetzt werden könne oder ob eine weitere Vorbereitung gewünscht werde. Ist letzteres der Fall, setzt er sie nochmals auf einen »gewöhnlichen Gerichtstag« an. Bis dahin können dann Schriftsätze eingereicht werden. Die Schriftsätze sind kurz gefaßt und enthalten nur selten Rechtsausführungen. Beim Untergericht werden, abgesehen von der Ladungsschrift, nur in Ausnahmefällen Schriftsätze eingereicht. Es wird sogar die Auffassung vertreten, daß ein absolutes Verbot des Schriftwechsels bestehe; nicht einmal mit Einwilligung des Gegners dürfe der Beklagte seine Einwände schriftlich vorbringen[10]. Sicherlich wird aber ein solches Verbot, falls man es überhaupt dem Gesetz, das in der Tat für das Untergericht nur die Ladungsschrift behandelt und im übrigen von einem mündlichen Verfahren spricht, entnehmen will, sehr flexibel gehandhabt. Beim Landgericht sind Klage, Klagerwiderung, Replik und Duplik gestattet. Ein weiterer Schriftwechsel soll nicht stattfinden. Er ist nur ausnahmsweise erlaubt, wenn das Gericht meint, er sei wegen der Sache unbedingt erforderlich. Im allgemeinen besteht bei den Anwälten auch wenig Neigung für lange, ausgedehnte Schriftsätze, auf die sie sich in der Hauptverhandlung ohnehin nicht einfach beziehen dürfen. – Kann die Vorbereitung der Sache als abgeschlossen angesehen werden, fragt der Richter im Termin, wieviel Zeit für die Hauptverhandlung voraussichtlich benötigt werde, ob Partei- und Zeugenvernehmungen in

10 *Munch/Petersen:* Der Zivilprozeß Dänemarks, 1932, S. 53 (in »Das Zivilprozeßrecht der Kulturstaaten« Bd. 4).

Betracht kämen und wieviel Zeugen erscheinen würden. Selbst in kleineren Sachen werden für die Hauptverhandlung beim Untergericht eineinhalb bis zwei Stunden reserviert. In den erstinstanzlichen landgerichtlichen Verfahren wird erheblich mehr Zeit, etwa ein Vormittag oder ein voller Verhandlungstag, der in der Regel von 9.30–16 Uhr mit einstündiger Mittagspause dauert, oder es werden sogar mehrere Verhandlungstage vorgesehen, je nach Beschaffenheit der Sache; denn kommt es nun einmal zu einer Hauptverhandlung – und das ist nur bei einem geringen Teil aller Sachen der Fall –, wird so geplant, daß gründlich verhandelt werden kann, wobei der Grundsatz der Mündlichkeit streng eingehalten wird. – Ein Vorbereitungstermin führt im allgemeinen nicht dazu, daß auf Grund dieser ersten kurzen Verhandlung bereits entschieden wird. Nach dem Gesetz wäre es zwar möglich, beim Untergericht sogleich zum Schluß zu verhandeln. Davon macht die Praxis jedoch keinen Gebrauch. Deshalb kommt es zunächst auch nicht auf die Schlüssigkeit der Klage oder auf Erheblichkeit der Einwendungen des Beklagten an. Der Richter kann zwar irgendwelche Hinweise geben oder Bedenken äußern. Er nimmt die Sache jedoch nicht zum Spruch, sondern der Vorbereitungstermin dient allein der Erledigung gewisser Formalitäten und der Feststellung, ob und unter welchen Umständen (Dauer, Art der Beweisführung, Zeugen, Urkunden) die Sache für eine Hauptverhandlung reif ist. Häufig kommt es zu einem zweiten oder dritten Vorbereitungstermin, der dann immer auf dem »gewöhnlichen Gerichtstag«[11] stattfindet. Bei der Anberaumung der wei-

11 An einem kleineren Untergericht nördlich Kopenhagens (Hörsholm) ist es üblich, nach Beendigung des »gewöhnlichen Gerichtstages« vormittags eine etwa einhalb- bis dreiviertelstündige Teerunde unter Beteiligung von Richtern, Bevollmächtigten und Anwälten im Gerichtsgebäude abzuhalten, was sicherlich einer sachlichen und guten Zusammenarbeit dient.

teren Termine, auch des Hauptverhandlungstermins, wird weitgehend auf die Wünsche der Parteien und Anwälte Rücksicht genommen. Die Anwälte stellen sich für die Hauptverhandlung von vornherein auf eine längere Verhandlungsdauer ein, und zwar auch schon deshalb, weil in jeder streitigen Sache mit einer Vernehmung der Parteien zu rechnen ist. Der Richter pflegt bei den vorbereitenden Erörterungen auch nicht zu fragen, ob Zeugen denn überhaupt nötig seien oder ob dieser oder jener Zeuge wichtig sei. Er überläßt das vollkommen den Parteien, fragt auch nicht nach dem Beweisthema. Ein Beweisbeschluß ist dem dänischen Recht fremd. Nur bei Erhebung des Sachverständigenbeweises kommt es zu einer formellen Bestimmung des Sachverständigen durch das Gericht, wobei das Beweisthema in Form von Fragen, die der Sachverständige beantworten soll, in der Regel in einem besonderen Schriftsatz der Partei, die sich auf einen Sachverständigen beruft, angegeben ist. Nur selten wird der Sachverständige auch zur Hauptverhandlung geladen.

Die Zeugenladung wird auf Antrag der Partei vom Gericht ausgefertigt, jedoch hat diese für die Zustellung (Verkündung) der Ladung zu sorgen. Die Zustellung wird hierbei meistens durch die Polizei ausgeführt. Mit irgendwelchen Rückbriefen, die zwangsläufig Anfragen zur Folge haben, braucht sich der Richter nicht abzuplagen. Es ist stets Sache der Partei, den Zeugen ausfindig zu machen. Gelingt ihr das nicht, entfällt das Beweismittel. Zeugenvorschüsse werden nicht verlangt.

Im Zivilprozeß werden vielfach Urkunden als Anlagen beigefügt. Die Anlagen, die der Kläger einreicht, werden fortlaufend mit Ziffern durchnumeriert, die Anlagen des Beklagten fortlaufend mit Buchstaben. Diese Kennzeichnung wird bei Anlagen, die mit einem späteren Schriftsatz eingereicht werden, fortgeführt.

Dem Untergericht obliegt nicht nur die Vorbereitung

von Zivilsachen, die zu seiner Zuständigkeit gehören. Vielmehr werden auch Klagen, die an sich bei einem Landgericht anhängig gemacht und dort auch entschieden werden sollen, gemäß den Bestimmungen des Rechtspflegegesetzes zunächst bei dem Untergericht eingereicht, in dessen Bezirk der Beklagte wohnt; die Sache wird dann dort zur vorbereitenden Verhandlung anberaumt, ohne daß das Landgericht zunächst mit der Sache befaßt wird. Schon in diesem Stadium kann der Rechtsstreit durch Versäumnis- oder Anerkenntnisurteil, auch durch Vergleich vor der Hauptverhandlung, abgeschlossen werden. Ist die Sache nach Eingang der erforderlichen Schriftsätze hinreichend vorbereitet, gibt sie der Richter am Untergericht auf Antrag des Klägers an das zuständige Landgericht ab, bei dem es dann zur eigentlichen Hauptverhandlung kommt. Es ist sogar möglich, daß noch beim Untergericht die Beweisaufnahme durchgeführt wird. In den letzten Jahren hat sich jedoch die Praxis in beiden Landgerichtsbezirken mehr und mehr dahin entwickelt, daß die Beweisaufnahme im Rahmen der Hauptverhandlung unmittelbar beim Landgericht stattfindet.

Von dem Grundsatz, daß Landgerichtssachen beim Untergericht vorbereitet werden, gibt es wichtige Ausnahmen: Einmal können die Parteien, wenn sie außerhalb des Sitzes des Landgerichts wohnen, vereinbaren, daß die Vorbereitung der Sache beim Landgericht geschieht, und sogleich die Klage dort einreichen. Zum anderen ist das Landgericht auch für die Vorbereitung ohne weiteres zuständig, wenn der Beklagte seinen Wohnsitz in oder in der Nähe der Stadt hat, in der das Landgericht liegt. Hierbei werden insbesondere eine Reihe von Untergerichtsbezirken, die in und um Kopenhagen liegen, aber nicht zum Kopenhagener Stadtgericht gehören, sondern jeweils selbst Gerichte haben, zum Gerichtsbezirk Groß-Kopenhagen gerechnet, weshalb Klagen sogleich beim Östlichen Landgericht in Kopenhagen einzureichen sind, das Untergericht mithin nicht eingeschaltet wird.

Die Vorbereitung einer beim Landgericht anhängig gemachten Sache geschah früher vor der Kammer (Abteilung). Seit einer Reihe von Jahren werden jedoch die Vorbereitungstermine entsprechend neuer gesetzlicher Regelung (§ 338 Abs. 3 RPflG) beim Landgericht von einem Einzelrichter vorgenommen. Dieser Einzelrichter ist in der Regel der Vorsitzende der Kammer, obwohl das nicht ausdrücklich bestimmt ist. In der Praxis wird aber so verfahren. Er hält also jede Woche den gewöhnlichen Gerichtstag an einem Vormittag ab und plant für die bevorstehenden Hauptverhandlungen. Es ist umgekehrt wie bei uns: Die Vorbereitungstermine, die man mit den bei uns üblichen Durchrufterminen etwa gleichsetzen kann, kommen nicht vor die Kammer, Beweisaufnahmen (bei uns häufig von einem Einzelrichter durchgeführt) werden hingegen vor der Kammer durchgeführt.

Nach hinreichender Vorbereitung der Sache, nach Absprache mit den Anwälten über die voraussichtliche Dauer der Hauptverhandlung, über die Zahl der Zeugen, Urkunden etc. wird schließlich die Hauptverhandlung angesetzt.

4. Extrakte

Im landgerichtlichen Verfahren gibt es nun eine Besonderheit, die an dieser Stelle hervorgehoben werden soll, weil sie für den dänischen Zivilprozeß, aber auch für den Strafprozeß, typisch ist: die sogenannten Extrakte. Beim Landgericht und beim Höchsten Gericht ist es üblich, daß der Anwalt des Klägers (bzw. des Berufungsklägers) rechtzeitig vor der Hauptverhandlung einen Aktenauszug herstellt. Er enthält die wichtigsten Schriftsätze, Urkunden und Protokolle in Abschrift, alles Überflüssige wird weggelassen[12]. Der Anwalt übersendet diesen »Extrakt« zunächst dem Anwalt der Gegenpartei zur Billigung. Falls dieser etwas beanstandet, evtl. eine Ergänzung wünscht, trägt er dem Rechnung. Anschließend reicht er – auch das rechtzeitig vor der anstehenden Hauptverhandlung – den Extrakt in mindestens drei Ausfertigungen bei Gericht ein. Diese sind für die Mitglieder der Kammer bestimmt. Dem Vorsitzenden stehen in Zivilsachen zwar auch die Akten zur Verfügung. Sie werden aber nicht in Umlauf gegeben. Vielmehr dient der Extrakt der Unterrichtung des Gerichts, insbesondere der Beisitzer, die sich allein damit auf die Verhandlung vorbereiten. Hierzu muß man wissen, daß es einen »Berichterstatter« in der betreffenden Sache nicht gibt. Richter beim Landgericht wiesen wiederholt darauf hin, daß sich alle drei Mitglieder der Kammer in gleicher Weise auf eine Sache vorbereiten – ohne Vorberatung[13] – und alle drei auf Grund der Verhandlung entscheiden. Erst danach einige man sich, wer von den Beisitzern die

12 »Der Extrakt ist ein ausgearbeitetes Konzentrat des relevanten Prozeßstoffs.« = Richtlinien vom 1. 3. 1936 über die Ausarbeitung von Extrakten zum Gebrauch beim Östlichen und Westlichen Landgericht.

13 Ein dänischer Richter, der 1971 in der Bundesrepublik war und sich Zivilverhandlungen beim Landgericht anhörte, faßte seine Eindrücke in einem Bericht so zusammen: »Beim Landgericht finden Vorberatungen statt. Die eigentliche Verhandlung erstreckt sich über mehrere Termine. Es besteht keine ausreichende Konzentration. Die Anwälte kommen mit Billigung durch die übergeordneten Gerichte mit immer neuen Urkunden und Beweisanträgen. Den Adhäsionsprozeß kennt man wohl, man macht davon aber keinen Gebrauch. Die Schadenersatzfrage wird von vorne vom Zivilrichter behandelt.«
Daraus, daß Sachen am Schlusse der Verhandlung sogleich ohne Vergleichsversuch zur Entscheidung genommen wurden, zog er den Schluß: »Ein Vergleich nach der Verhandlung ist vollkommen unbekannt.«

Urteilsgründe absetze. – Auch während der Verhandlung hat jeder der Richter den Extrakt vor sich. Er verfolgt damit den Vortrag der Anwälte, insbesondere wenn Urkunden, Gutachten oder Protokolle verlesen werden.

Diese Extrakte, die in Zivilsachen ein Rechtsanwalt, in Strafsachen, die vor dem Landgericht oder Höchsten Gericht verhandelt werden, der Staatsanwalt anfertigt, spielen im dänischen Prozeßrecht eine große Rolle. Sie haben ihren Ursprung in einer Dienstanweisung (Instruks) vom 7. 12. 1771, die für das Höchste Gericht galt. Darin hieß es, daß die Anwälte rechtzeitig vor dem Termin Extrakte in der erforderlichen Zahl anzufertigen hätten. Die Verwendung von Extrakten zur Unterrichtung des Gerichts, die ein Aktenstudium und eine dauernde Aktenbewegung ersparen, hat dann im Laufe der Zeit auch Eingang bei den Landgerichten gefunden. Obwohl die Extrakte im Rechtspflegegesetz lediglich in einer Kostenbestimmung erwähnt sind (§ 320 Abs. 2), wird sich dem kein Anwalt entziehen; er hält es im Gegenteil für einen Akt der Höflichkeit und auch für zweckmäßig, zur sachgemäßen Unterrichtung aller Gerichtsmitglieder auf diese Weise beizutragen. Das Unterlassen der Anfertigung von Extrakten würde zudem dazu führen, daß die Klage als unzulässig abgewiesen wird. Extrakte sind aber auch insofern sinnvoll, als die Anwälte vor der Hauptverhandlung gezwungen werden, das Material zu ordnen und die Prozeßaussichten zu überdenken. Das führt dann auch hin und wieder dazu, daß sie Verhandlungen mit dem Gegner einleiten.

5. Die Hauptverhandlung
– insbesondere Partei- und Zeugenvernehmung (Wechselverhör) –

Um einen Einblick in eine erstinstanzliche Zivilverhandlung beim Landgericht zu geben, sei der Verfahrensablauf kurz geschildert: Zunächst wird dem Anwalt des Klägers das Wort erteilt[14]. Der Anwalt verliest den Antrag und begründet ihn. Dabei verweist er, soweit er es für erforderlich hält, auf die eingereichten Schriftstücke, die als Anlage 1 oder 2 ... bezeichnet sind. Er verliest sie. Die Richter verfolgen den Vortrag an Hand der vor ihnen liegenden Extrakte und machen sich laufend Notizen. Auch etwaige in dieser Sache bereits vorhandene Vernehmungsprotokolle werden vom Anwalt verlesen, sofern er sich darauf berufen will. Anschließend erhält der Anwalt des Beklagten das Wort. Auch er verliest seinen Antrag und begründet seinen Standpunkt sehr ausführlich. Er beruft sich auf Anlagen B oder D und liest diese Schriftstücke vor. Die Vorträge sind so eingehend, daß der Zuhörer, auch wenn er den Prozeßstoff vorher nicht kennt, ohne weiteres folgen kann[15]. Danach fragt der Vorsitzende, ob eine Parteivernehmung gewünscht wird. Nach dem Vorbild des österreichischen Zivilprozesses wurde mit der im Jahre 1919 in Kraft getretenen Prozeßreform die Parteivernehmung als Beweismittel eingeführt, und zwar nicht etwa nur als subsidiäres Beweismittel, nachdem alles andere versagt hat. Eine Parteivernehmung findet nach § 302 RPflG auf Antrag des Gegners statt. Jedoch kann sich auch jede Partei stellen und ihre eigene Vernehmung verlangen (§ 303 RPflG). Davon wird weitgehend, auch beim Untergericht, Gebrauch gemacht. Eine Parteivernehmung von Amts wegen kennt das dänische Zivilprozeßrecht nicht. Sie würde dem Grundsatz des Parteibetriebes widersprechen. Wenn auch die Bestimmungen über die Vernehmung von Zeugen Anwendung finden und eine falsche Parteiaussage ebenso wie eine falsche Zeugenaussage gemäß § 158 ff. des Strafgesetzes

14 Der Vorsitzende kann hiervon abweichen (§ 367 Abs. 1).

15 Für einen Ausländer, der die dänische Sprache leidlich beherrscht, ist es naturgemäß besser, er hat einen Extrakt vor sich.

bestraft wird (Gefängnis bis zu vier Jahren), so wird nicht etwa die Partei als Zeuge in eigener Sache vernommen. Die Vernehmung führt zunächst der Anwalt der Partei durch. Der Gegenanwalt kann anschließend Fragen stellen. Der Vorsitzende kann eingreifen, die Richter können Fragen stellen. Vorsitzender und Beisitzer halten sich jedoch weitgehend zurück. Sie überlassen die Vernehmung den Anwälten. Und in dieser Weise werden dann auch die Zeugen vernommen, wobei immer der Anwalt der Partei, die sich auf den Zeugen beruft, mit dem Verhör beginnt und erst danach die Gegenpartei zum Zuge kommt. Der Vorsitzende kann nach seinem Ermessen einschreiten, Fragen zurückweisen, selbst Fragen stellen und auch jederzeit die Vernehmung selbst übernehmen, »wenn es die Umstände erforderlich machen« (§§ 183 Abs. 3, 357 Abs. 3). Daß das Gericht nach der Vernehmung durch die Anwälte noch ein oder zwei Fragen zu stellen hat, ist nichts Ungewöhnliches. Es kommt aber nur selten vor, daß der Vorsitzende die Vernehmung selbst übernimmt oder sie mehr oder weniger vollständig wiederholt. Auf einen geladenen und erschienenen Zeugen kann die Partei mit Zustimmung des Gegners verzichten mit der Folge, daß auch das Gericht keine weiteren Fragen mehr stellen darf.

Bei Vernehmung von Kindern unter 15 Jahren bestimmt das Gericht, wie und durch wen die Vernehmung durchgeführt wird. Es kann einen Vertreter des Jugendamtes oder eine andere geeignete Person hinzuziehen, damit diese bei der Vernehmung Beistand leistet (§ 183 Abs. 3). Diese Bestimmung gilt auch für das Strafverfahren. – Haben die Parteien keinen Anwalt, vernimmt der Richter Zeugen und Parteien.

Diese Art der Vernehmung, bei der der Richter in erster Linie zuhört, sich Notizen macht und sich nur gelegentlich einschaltet, ist ebenfalls durch die Prozeßreform im Jahre 1919 eingeführt worden. Sie ist eine aus dem englischen

Recht in abgewandelter Form übernommene Vernehmungsmethode, wobei auch das österreichische Zivilprozeßrecht Vorbild gewesen sein soll, wird allgemein als Kreuz- oder vielleicht besser als Wechselverhör[16] bezeichnet und gilt auch für das Strafverfahren. § 183 RPflG, eine gemeinsame Bestimmung für das Zivil- und das Strafverfahren, lautet:

Der Zeuge wird zuerst von der Partei vernommen, die ihn hat laden lassen oder gestellt hat. Die Gegenpartei hat danach das Recht, den Zeugen zu vernehmen, worauf die Partei die Fragen an den Zeugen richten kann, zu denen auf Grund der Vernehmung durch die Gegenpartei Anlaß besteht. Das Gericht kann weitere Fragen oder die Wiederholung der Vernehmung zulassen.

Das Gericht kann Fragen an den Zeugen richten. Das Gericht kann die Vernehmung übernehmen, sofern die Zeugenvernehmung durch die Parteien auf unziemliche Weise erfolgt oder auf eine Weise, die in Widerspruch zu § 184 Abs. 1 steht, oder die Umstände im übrigen das erforderlich machen.

Interessant ist, daß das Rechtspflegegesetz auch beim Strafprozeß an mehreren Stellen von den »Parteien« spricht. In der Tat wird im dänischen Recht der Strafprozeß auch als Parteiverfahren aufgefaßt, worauf noch näher eingegangen wird.

Nach der Beweisaufnahme folgen die Schlußvorträge (procedure) der Anwälte. Dabei nehmen sie dann auch zu den Rechtsfragen ausführlich Stellung und zitieren höchstrichterliche Entscheidungen. Das wird von ihnen beim Landgericht auch erwartet. Die Vorträge bewegen sich beim Landgericht auf recht hohem Niveau.

In vielen Fällen macht das Gericht alsdann einen Vergleichsvorschlag. Die Parteien und ihre Anwälte sind auch meistens vergleichsbereit, so daß es dann zum Abschluß

16 Das Wechselverhör wird bei der Behandlung des Strafverfahrens nochmals erörtert.

kommt. Nur verhältnismäßig wenige Sachen werden entschieden. Darauf wird insbesondere dann Wert gelegt, wenn eine Partei den Rechtsstreit bis vor das Höchste Gericht bringen will. Die Anwälte sind aber im allgemeinen nur geneigt, im Wege der Berufung das Höchste Gericht anzurufen, wenn es sich um eine wirklich schwierige Frage handelt. So erklärt sich die sehr geringe Zahl von Sachen, die vor dem Höchsten Gericht verhandelt werden.

Eine begonnene Hauptverhandlung ist ununterbrochen fortzusetzen, falls erforderlich, an den unmittelbar folgenden Tagen. Ist die Sache ausreichend behandelt, wird die Verhandlung geschlossen, die Sache beraten und das Urteil verkündet. Das Gesetz bestimmt ausdrücklich, daß eine neue Sache in der Regel erst beginnen darf, wenn die Beratung in der zuletzt verhandelten Sache stattgefunden hat. Nach der Verhandlung soll baldmöglichst, spätestens am nächsten Tag, beraten werden. Das Urteil ist so bald wie möglich nach dem Ende der Hauptverhandlung zu verkünden. Das Gericht kann die Verkündung aber auch für einen bestimmten Tag aussetzen, es kann auch, ohne den Verkündungstermin schon festzusetzen, die Sache zum Spruch nehmen. So wird verfahren, wenn die Absetzung des Urteils voraussichtlich einige Zeit in Anspruch nehmen wird. Die Parteien werden dann von dem Verkündungstermin rechtzeitig benachrichtigt. Bei der Verkündung liegen in diesem Falle die Urteilsgründe, die dem Tenor vorangestellt werden (Prämissen), stets vor.

Ein nach Beginn der Hauptverhandlung von einer Partei gestellter Vertagungs- oder Aussetzungsantrag wird in der Regel abgelehnt. Nur wenn zwingende Gründe vorliegen, gibt das Gericht dem statt. Ein Nachschieben von Zeugen mit dem Zweck, eine Vertagung zu erreichen, ist nicht erlaubt. Dafür sind eben die Vorbereitungstermine da, daß die Parteien alle vorhandenen und für sie wichtigen Beweismittel benennen, Die Anwälte sind auf dieses Verfahren auch völlig eingespielt und kommen während der Hauptverhandlung oder gar danach auch nicht mit irgendwelchen neuen Beweisen. Ebensowenig ist eine schriftliche Stellungnahme zum Ergebnis der Beweisaufnahme gestattet.

Der Gang der Hauptverhandlung beim Landgericht und beim Untergericht unterscheidet sich nicht wesentlich voneinander. Beim Landgericht wird im allgemeinen ausführlicher verhandelt. Aber auch die Verhandlungen beim Untergericht sind im Verhältnis zu unseren Verhandlungen in Zivilsachen beim Amtsgericht recht eingehend. Das beruht auf dem Grundsatz der Mündlichkeit, der auch hier streng genommen wird, nicht zuletzt aber auch darauf, daß, wie ausgeführt, jede Partei ihre eigene Vernehmung verlangen kann.

Abschließend der Sachverhalt von zwei Zivilprozessen, die im Mai 1972 beim Östlichen Landgericht verhandelt wurden, unter Angabe der Dauer der Hauptverhandlung:

1. Der erste Fall betraf den Ausschluß mehrerer Vereinsmitglieder, die Klage erhoben hatten. Sie waren wegen angeblichen vereinsschädigenden Verhaltens aus ihrem Verein ausgeschlossen worden. Zu der einige Tage nach ihrem Ausschluß stattfindenden Mitgliederversammlung wurden sie nicht zugelassen. Auf dieser Versammlung wurden mit knapper Mehrheit wichtige Beschlüsse gefaßt, u. a. die Veräußerung von Grundstücken. Die Kläger klagten nun auf Feststellung, daß ihr Ausschluß und die auf der Mitgliederversammlung ohne ihre Mitwirkung getroffenen Beschlüsse unwirksam seien. Die Sache war durch knapp gehaltene Schriftsätze mit Anlagen (Schriftwechsel, Vereinsprotokolle) vorbereitet. Bereits aus den Schriftstücken, die sämtlich in dem »Extrakt« enthalten waren und im Laufe der Vorträge verlesen wurden, ergab sich, daß die Kläger die Interessen des Vereins wohl nicht ausreichend gewahrt hatten. Der

beklagte Verein hatte aber dazu noch etwa 15 Zeugen[17] laden lassen, die auch vernommen wurden. Nach den Schlußvorträgen der Anwälte machte das Gericht auf deren Anregung einen Vergleichsvorschlag, der angenommen wurde. – Dauer der Hauptverhandlung: zweieinhalb Tage.

2. Im zweiten Falle klagte ein Unternehmen gegen eine andere Firma, die zur Bezeichnung ihrer Waren die gleiche für die Klägerin geschützte Bezeichnung führte, auf Unterlassung. Sehr eingehende Vorträge der Anwälte. Es wurden zwei Zeugen der Beklagten vernommen. Nach den Schlußvorträgen, in denen sich besonders der Anwalt der Klägerin ausführlich mit der Rechtsprechung auseinandersetzte, scheiterte ein Vergleichsversuch. Das Gericht gab der Klage nach dem dänischen Wettbewerbsgesetz und dem Warenzeichengesetz statt. – Dauer der Hauptverhandlung: etwa fünf Stunden (es stand am Verhandlungstage nur diese Sache an).

Diese beiden Beispiele mögen zeigen, mit welchem Zeitaufwand, welcher Ausführlichkeit und Genauigkeit die Hauptverhandlungen durchgeführt zu werden pflegen.

6. Urteilsgründe

Setzt mithin der dänische Richter einen großen Teil seiner Arbeitskraft für die möglichst gründliche Durchführung der Hauptverhandlung ein, so haben demgegenüber die

17 Das Gericht weist Zeugen, wenn sie rechtzeitig namhaft gemacht und geladen worden sind, nur ungern zurück, um nicht den Eindruck zu erwecken, als wolle es die Partei beschränken. Nur wenn die Zahl zu groß wird, wird man nach Absprache mit den Anwälten eine Auswahl treffen. – Die Anwälte sind aber durchweg nicht geneigt, überflüssige Zeugen laden zu lassen.

schriftlichen Urteilsgründe nicht ganz das Gewicht wie bei uns. Man vermeidet vor allen Dingen längere Rechtsausführungen. Die erstinstanzlichen Urteile der Untergerichte und der Landgerichte sind zwar recht ausführlich; sie bestehen aber vorwiegend aus einer Sachverhaltsschilderung mit Vorträgen der Parteien und inhaltsmäßiger Wiedergabe von Auskünften, Gutachten und Zeugenaussagen, während sich die eigentlichen Entscheidungsgründe auf wenige Sätze beschränken. Sie enthalten kaum eine Beweiswürdigung. Sehr kurz gefaßt sind die Berufungsurteile. Hierin wird der Sachverhalt in der Regel nicht wiederholt, sondern das Urteil behandelt – äußerst knapp – lediglich die Kernfragen. Diese Urteilstechnik sei durch ein Beispiel veranschaulicht.

Rechtsstreit vor dem Westlichen Landgericht, entschieden im November 1971:

Firma X bestellte bei der Klägerin eine Partie Betonrohre (2500 mm) mit der Weisung, daß diese per Eisenbahnwaggon sogleich zur Baustelle in einem Hafengebiet von A., wo sich auch Schienen befanden, dirigiert werden sollte. Die Rohre trafen in drei Waggons ein, die bis spätestens 9. 12. 1970 auf ein Nebengleis in unmittelbarer Nähe der Baustelle geleitet wurden. Hier sollten sie entladen werden. Bevor es dazu kam, geriet Firma X am 13. 12. 1970 in Liquidation. Die Klägerin hielt darauf unter Berufung auf § 39 des dänischen Kaufgesetzes ihre Lieferung an (Anhalterecht) und ließ die Waggons anderweitig entladen und die Ware sicherstellen. »Firma X in Liquidation« (Beklagte) war damit nicht einverstanden.

Die Klägerin klagte auf Anerkennung, daß sie mit Recht ihr »Anhalterecht« ausgeübt habe.

Es ging um die Frage, ob die Rohre bereits als übergeben angesehen werden konnten, bevor Firma X in Liquidation geriet.

Das Urteil des Landgerichts umfaßt 16 Seiten. Es enthält zunächst eine ausführliche Sachverhaltsschilderung mit Vortrag der Parteien, Auskünften und Zeugenaussagen (Beweisaufnahme). Es folgen die eigentlichen Entscheidungsgründe auf einer knappen Seite:

Nach dem Vorliegenden ist zugrunde zu legen, daß die Eisenbahnwagen an dem von der Firma X gewählten Bestimmungsort – Gleis unmittelbar nördlich der Baustelle – auf jeden Fall am 9. 12. 1970 angekommen waren, daß Firma X diesen Bestimmungsort gewählt hatte, damit die Entladung und die Verlegung der Rohre in einem Arbeitsgang geschehen könne, daß Firma X am 10. 12. 1970 mit einer Kranfirma eine Absprache über eine möglichst schnelle Entladung traf, daß die Leute der Firma X oder die Kranfirma am 11. 12. 1970 die Waggons rangierten, um diese zweckmäßig für die Entladung placiert zu bekommen, daß man am selben Tag versuchte, mit der Entladung zu beginnen, und daß der Versuch allein deshalb aufgegeben werden mußte, weil der benutzte Kran nicht über ausreichende Kapazität verfügte. Unter diesen Umständen wird erachtet, daß die betreffenden Rohre in einem solchen Grad zur Verfügung der Firma X standen, daß sie auf jeden Fall am 11. 12. 1970 als an Firma X nach § 39 Kaufgesetz übergeben angesehen werden müssen. Es wird hierbei bemerkt, daß die Bestimmung des § 40 Eisenbahngesetz für die Entscheidung der Sache nicht als bedeutsam angesehen wird.

Demgemäß ist dem Antrag der Beklagten auf Klagabweisung (frifindelse = Freispruch – derselbe Ausdruck wie im Strafprozeß) stattzugeben.

Deshalb wird für Recht erkannt: ... Klage abgewiesen.

An Prozeßkosten hat die Klägerin an die Beklagte 6000 Kronen binnen 15 Tagen zu zahlen.

Die Klägerin legte Berufung ein, über die das Höchste Gericht am 31. 5. 1972 nach Hauptverhandlung, die von 9–14 Uhr mit einer Unterbrechung von 45 Minuten dauerte und in der jeder Anwalt unter ausführlicher Behandlung der Rechtsfrage mit Beispielen aus der Rechtsprechung zweimal plädierte, entschied:

Urteil:

Das angefochtene Urteil ist vom Westlichen Landgericht verkündet.

An der Urteilsfindung haben sieben Richter teilgenommen: ... (Namen der Richter).

Vor dem Höchsten Gericht hat die Berufungsklägerin ihren vor dem Landgericht gestellten Antrag wiederholt.

Die Berufungsbeklagte hat Bestätigung beantragt.

Fünf Richter – Hermann, Theodor Petersen, H. A. Sörensen, Schaumburg und Thygesen – erklären:

Nach den vorliegenden Auskünften waren die betreffenden Rohre vor Eintritt der Liquidation nach Anweisung der Käuferin, die von der Staatsbahn über die Ankunft der Rohre unterrichtet worden war, an die Stelle gebracht, wo sie unmittelbar von der Käuferin verwendet werden sollten. Sie verblieben hier in den Waggons, in denen sie transportiert worden waren, nach dem Wunsche der Käuferin und für deren Rechnung und waren, insgesamt gesehen, der freien tatsächlichen Verfügungsgewalt und Bestimmung der Käuferin unterworfen.

Hiernach wird dem beigetreten, daß man die Rohre als der Käuferin X übergeben ansehen muß, und ebenso wird dem zugestimmt, daß die Frage, wieweit für die Staatsbahn ein Zurückbehaltungsrecht für die Waggonmiete für die folgende Zeit bestand, keine Bedeutung für die Entscheidung hat.

Diese Richter stimmen deshalb dafür, das Urteil zu bestätigen und der Berufungsklägerin aufzuerlegen, der Berufungsbeklagten als Kostenbetrag für das Verfahren vor dem Höchsten Gericht 6000 Kronen zu zahlen.

Zwei Richter – Spleth und Vetli – sind nicht der Auffassung, daß die Rohre als vor Eintritt der Liquidation als übergeben angesehen werden können. Diese Richter legen Gewicht darauf, daß sich die Rohre noch zu diesem Zeitpunkt auf den Waggons befanden. Es wird nicht für entscheidend erachtet, daß die Waggons auf Anweisung der Käuferin zu der Stelle gefahren waren, die für die Entladung unmittelbar zur Verwendung an der Baustelle geeignet war, und daß, da die Fracht nach A. (Bestimmungsort) der Berufungsklägerin oblag, nicht anzunehmen ist, daß irgendein Hinderungsgrund von seiten der Staatsbahn für eine solche Entladung bestand. Diese Richter stimmen hiernach dafür, dem Antrag der Berufungsklägerin zu folgen.

Es ist nach Stimmenmehrheit zu entscheiden.

Deshalb wird für Recht erkannt: Das Urteil des Landgerichts wird bestätigt. Die Berufungsklägerin hat an Prozeßkosten für das Verfahren vor dem Höchsten Gericht 6000 Kronen an die Berufungsbeklagte zu zahlen. Der Betrag ist binnen 15 Tagen nach Verkündung dieses Urteils zu zahlen[18].

18 Zu beachten ist die Festsetzung des Kostenerstattungsbetrages im Urteilstenor. – Eine »Rechtsanwaltsgebührenordnung« gibt es nicht. Die Gerichte setzen selbst die Ge-

D. Übersicht über die Tätigkeit der Gerichte in Zivilsachen

Bei der Auswertung von statistischen Übersichten in Zivilsachen ist zu beachten, daß Dänemark kein Mahnverfahren kennt. Unter »abgeschlossene« oder »entschiedene« Zivilsachen erscheinen deshalb auch alle die Fälle, die bei uns im Mahnverfahren laufen und mit dem Vollstreckungsbefehl abschließen. Jede Forderung kann nur im Wege der Klage gerichtlich geltend gemacht werden. Entsprechend groß ist die Zahl der Versäumnis- und Anerkenntnisurteile.

Erscheint von den Parteien nur der Kläger nicht, ergeht zwar auch ein »Versäumnisurteil«, jedoch wird dieses als »Abweisungsurteil«[19] bezeichnet. Der Kläger ist dadurch

bühren fest, wobei sie die »richtungweisenden Gebührensätze« anzuwenden pflegen, die die Gerichtspräsidenten in Zusammenarbeit mit der Anwaltskammer herausgegeben haben. In Zivilsachen wird unterschieden, ob eine Sache im ersten Gerichtstermin abgeschlossen wird oder erst nach der Hauptverhandlung.
Beispiel für eine Zivilsache beim Untergericht:
Streitwert 5000 Kronen: Anwaltsgebühr 1600 Kronen (einschl. 70 Kronen Gerichtskosten) für den Fall einer Hauptverhandlung, jedoch nur 600 Kronen, wenn die Sache im ersten Gerichtstermin – auf dem »gewöhnlichen Gerichtstag« – abgeschlossen wird.
Unsere Aufteilung nach Prozeßabschnitten (Prozeßgebühr, Verhandlungsgebühr, Beweisgebühr etc.) ist dem dänischen Recht fremd. (Verteidigergebühr siehe S. 127.)

19 Für »Klagabweisung« gibt es in Dänemark zwei verschiedene Begriffe.
a) »Afvisning« = Abweisung aus formellen Gründen, wozu auch Ausbleiben des Klägers gehört. Der Begriff entspricht im übrigen der Abweisung »als unzulässig«.
b) Wird die Klage als unbegründet abgewiesen, lautet das Urteil wie im Strafprozeß auf »frifindelse«, d. h., der Beklagte wird freigesprochen.

nicht gehindert, in einem neuen Rechtsstreit denselben Anspruch zu erheben.

Erscheinen beide Parteien nicht, wird nicht ein »Ruhen des Verfahrens« angeordnet, sondern die Sache wird von Amts wegen aufgehoben. Damit ist der Rechtsstreit beendet, und der Kläger muß schon, wenn er den Anspruch wiederum geltend machen will, einen neuen Prozeß anstrengen. Deshalb ist in den Übersichten die Zahl der »aufgehobenen und weggefallenen« Sachen, worunter auch die Klagrücknahmen fallen, recht hoch.

Sehr häufig – sicherlich weit mehr als bei uns – wird vor Gericht ein Vergleich abgeschlossen[20]. Dabei wird statistisch unterschieden zwischen Vergleichen »vor der Hauptverhandlung« und »während der Hauptverhandlung«. »Vor der Hauptverhandlung« bedeutet im Vorbereitungstermin auf dem »gewöhnlichen Gerichtstag«. Eine Beweisaufnahme hat noch nicht stattgefunden. Hierbei handelt es sich in vielen Fällen um reine Abzahlungsvergleiche, praktisch also um ein Anerkenntnis unter Vereinbarung von Raten. Diese Unterscheidung wird gemacht, weil sie für die Beurteilung der Belastung des Richters von Bedeutung ist. Da die Vorbereitungstermine durchweg kurz sind, sind Vergleichsabschlüsse »vor der Hauptverhandlung« für den Richter im allgemeinen nicht zeitraubend. Anders ist es bei den sehr ausführlichen Hauptverhandlungen mit Sachvorträgen, Partei- und Zeugenvernehmungen.

In einigen Übersichten, die zur Verfügung standen, ist nicht zwischen Versäumnis- und Anerkenntnisurteilen und

20 Die Häufigkeit des Vergleichs dürfte zwei Gründe haben:
a) Parteien und Anwälte sind durchweg vergleichsbereiter als bei uns. – Das ist eine Frage der Mentalität.
b) Die ausführliche Hauptverhandlung, bei der die Beteiligten nicht unter Zeitdruck stehen, läßt eine gründliche Erörterung zu. Hinzu kommt das allgemein hohe Ansehen des Richters, dessen Wort etwas gilt.

streitigen Urteilen unterschieden, was bei Unkenntnis zu falschen Schlüssen führen könnte.

Die Jahresdurchschnittszahl für einen Zivilrichter liegt bei etwa 3300 Sachen, wobei von etwa 72 000 Gerichtseingesessenen ausgegangen wird. Ehe- und Vaterschaftssachen sind darin eingeschlossen (vgl. die Zuständigkeit des Untergerichts in Zivilsachen). Die Zahl an Zivilsachen in Relation zu den Gerichtseingesessenen liegt in den Städten in der Regel höher als die Durchschnittszahl, auf dem Lande ist sie niedriger. Liegt sie an einem Gericht mit nur einem Zivilrichter erheblich höher, wird der Richter dadurch entlastet, daß ein Richterbevollmächtigter eine »Konstitution« für bestimmte Sachen erhält, beispielsweise für Vaterschaftssachen und vermögensrechtliche Ansprüche bis zu einem Streitwert von 1000 oder auch 2000 Kronen.

Nachstehend einige Angaben aus der dänischen Zivilgerichtsbarkeit an Hand von Geschäftsübersichten:

1. Im Jahre 1970 wurden in Dänemark mit einer Einwohnerzahl von etwa fünf Millionen insgesamt 188 139 bürgerliche Rechtssachen in erster Instanz bei Gericht erledigt. Hiervon entfielen allein 185 261 auf die Untergerichte, die übrigen 2878 Sachen auf die beiden Landgerichte. Die 185 261 Sachen der Untergerichte verteilen sich

auf das Gebiet von Groß-Kopenhagen mit 51 694 Sachen;
auf das Gebiet der Inseln (Seeland außer Groß-Kopenhagen, Fünen etc.) mit 51 155 Sachen;
auf das Gebiet von Jütland mit 82 412 Sachen;

Es wurden 47 088 Sachen aufgehoben oder vor eigentlicher Sachverhandlung aus formellen Gründen abgewiesen, wozu auch, wie ausgeführt, klagabweisende Versäumnisurteile gehören; 12 608 Sachen wurden verglichen und 125 764 Sachen »entschieden« (darunter allein 122 764 gemäß Antrag des Klägers). Bei den »entschiedenen Sachen«

ist leider die Zahl der Versäumnis- und Anerkenntnisurteile nicht mit angegeben. Sie wird bei etwa 60% liegen. In den vermögensrechtlichen Streitigkeiten betrug der Streitwert durchweg nicht mehr als 10 000 Kronen (Streitwertgrenze), nur in 2 829 Fällen lag er darüber.

Will man den Umfang der dänischen Zivilgerichtsbarkeit mit der bei uns vergleichen, müßte man, um zu einem annähernd korrekten Ergebnis zu kommen, aus einem bestimmten Gebiet oder Land der Bundesrepublik, etwa Schleswig-Holstein, die Mahnsachen, die amtsgerichtlichen Zivilsachen, die Vaterschaftssachen und die Ehesachen zusammenrechnen. Hinzu käme aber auch noch, jedenfalls zu einem erheblichen Teil, die Zahl der erstinstanzlichen Prozesse bei den Arbeits-, Sozial-, Verwaltungs- und Finanzgerichten, weil in Dänemark auch dafür in der Regel die ordentlichen Gerichte zuständig sind. Aber selbst wenn man diese Tätigkeit der Spezialgerichte nicht einbeziehen würde, wird man sicherlich bereits feststellen, daß die Prozeßfreudigkeit bei uns erheblich größer ist.

Von den 2878 Sachen, die in erster Instanz von den Landgerichten bearbeitet wurden, entfielen 2436 auf das Östliche Landgericht in Kopenhagen und 442 auf das Westliche Landgericht in Viborg.

2. Für das Jahr 1971 liegt die Übersicht der beim Stadtgericht Kopenhagen »behandelten bürgerlichen« Sachen vor. Das Gericht hat etwa 630 000 Gerichtseingesessene (die Einwohnerzahl ist rückläufig). Es umfaßt nur den eigentlichen Stadtkern.

Gesamtzahl der erledigten Zivilsachen: 28 826,
davon:
25 958 vermögensrechtliche Streitigkeiten einschl. Steuersachen, Wechsel- und Schecksachen,
874 Ehesachen,
487 Vaterschaftssachen,

974 Wohnungssachen,
533 sonstige Sachen, darunter auch Rechtshilfesachen.

Die Zivilsachen fielen in neun Zivilabteilungen an, von denen jede mit einem Richter besetzt ist. An Personal kommen in jeder Abteilung ein Wachtmeister und ein Protokollführer hinzu. Schreibmaschinenarbeiten führt eine Zentralkanzlei aus.

a) Von den 25 958 Zivilprozessen (1. Position) fielen 7523 durch Klagrücknahme oder aus sonstigen Gründen weg. In 14 731 Sachen erging Versäumnis- oder Anerkenntnisurteil, 105 wurden aus formellen Gründen abgewiesen, 3063 im Gericht verglichen, davon 2676 vor der Hauptverhandlung, 387 während der Hauptverhandlung, und nur in 536 Fällen erging in der Sache ein streitiges Urteil, davon in 322 Fällen voll nach dem Antrag des Klägers. Für die Belastung der Richter fallen die »Vergleiche während der Hauptverhandlung« (387) und die »streitigen Urteile« (536) ins Gewicht.

Von den 974 Wohnungssachen wurden 260 wiederaufgehoben, 331 wurden im Gericht verglichen, davon 166 »während der Hauptverhandlung«. In 173 Sachen erging Anerkenntnis- oder Versäumnisurteil, 194 wurden durch Urteil entschieden. Hinzu kommen 16 aus formellen Gründen »abgewiesene« Sachen. Von den 874 Ehesachen wurden 110 wiederaufgehoben. Durch Urteil wurden 764 Sachen entschieden (davon wurde in 474 Sachen eine »Separation« – Trennung – bewilligt).

In den 487 Vaterschaftssachen endeten 264 durch Vergleich und 173 durch Urteil, 50 wurden wiederaufgehoben.

Damit ergeben sich durchschnittlich für jede Zivilabteilung (mithin für jeden Zivilrichter): insgesamt 3203 Sachen – davon 81 streitige Urteile in vermögensrechtlichen Streitigkeiten (einschl. Wechsel- und Schecksachen) und in Wohnungssachen (insgesamt 730:9), 61 Vergleiche während der Hauptverhandlung in vorstehenden Sachen (insgesamt

553:9), 104 Urteile in Ehe- und Vaterschaftssachen (insgesamt 937:9), 29 Vergleiche in Vaterschaftssachen. Die übrigen Arten der Erledigung und die sonstigen Geschäfte fallen arbeitsmäßig nicht sonderlich ins Gewicht.

3. Die vorliegende Übersicht einer Zivilabteilung beim Stadtgericht in Kopenhagen für das Jahr 1971 stimmt nicht ganz mit der Durchschnittsberechnung unter Ziff. 2 überein.

Gesamtzahl der erledigten Sachen in der 14. Zivilabteilung: 3290, davon:
2980 vermögensrechtliche Streitigkeiten einschl. Steuer-, Wechsel- und Schecksachen,
99 Ehesachen,
64 Vaterschaftssachen,
108 Wohnungssachen,
39 sonstige Sachen, darunter auch Rechtshilfesachen.

Prozeßergebnisse
(zusammengefaßt für die ersten vier Positionen):
aufgehobene Sachen: 952,
Versäumnis- und Anerkenntnisurteile: 1711,
als unzulässig abgewiesene Sachen (darunter Versäumnisurteile wegen Ausbleibens des Klägers): 14,
Vergleiche vor der Hauptverhandlung (d. h. in einem Vorbereitungstermin): 339,
sowie
42 streitige Urteile in vermögensrechtlichen Streitigkeiten einschl. Wechsel- und Schecksachen und in Wohnungssachen,
49 Vergleiche während der Hauptverhandlung in vorstehenden Sachen,
120 Urteile in Ehe- und Vaterschaftssachen (von den 86 Eheurteilen lauteten 55 auf Separation und 31 auf Scheidung),
24 Vergleiche in Vaterschaftssachen,
insgesamt 255 Sachen.

Die Zahl der streitigen Urteile in vermögensrechtlichen Prozessen und der Vergleiche während der Hauptverhandlung ist hier verhältnismäßig gering. Zusammenfassend zeigt auch diese Übersicht, daß die hohe Zahl der in den dänischen Statistiken aufgeführten »erledigten Zivilsachen« nicht mit hiesigen Maßstäben beurteilt werden darf. Etwa 85% entfallen auf wiederaufgehobene Sachen und auf Versäumnis- und Anerkenntnisurteile. Sehr hoch ist die Zahl der vor Gericht abgeschlossenen Vergleiche. 7–8% der Gesamtzahl der Zivilsachen entfallen auf die vorstehend zuletzt aufgeführten vier Prozeßergebnisse (streitige Urteile, Vergleiche während der Hauptverhandlung, Urteile und Vergleiche in Ehe- und Vaterschaftssachen), mithin auf die Sachen, die in erster Linie die Arbeit des Richters ausmachen.

Das Aufgabengebiet des dänischen Zivilrichters erscheint abgewogen und angemessen. Eine Überlastung dürfte in der Regel nicht vorliegen, wobei jedoch immer zu berücksichtigen ist, daß auch beim Untergericht, sofern es zu einer Hauptverhandlung kommt, stets sehr gründlich verhandelt wird. Bei stark eingeschränkter schriftlicher Vorbereitung wird der Grundsatz der Mündlichkeit hochgehalten.

4. a) Vor den beiden *Landgerichten* waren im Jahre 1970 2878 Sachen in erster *Instanz* anhängig, davon entfielen 2436 auf das Östliche Landgericht (Kopenhagen und Inseln) und 442 auf das Westliche Landgericht (Jütland). Die Übersicht für das Östliche Landgericht weist aus:

aufgehoben oder aus formellen Gründen vor Sachverhandlung abgewiesen:	671
verglichen:	
vor der Hauptverhandlung:	275
während der Hauptverhandlung:	503
Urteile:	987

Die Zahl der Urteile umfaßt hier allerdings auch Versäumnis- und Anerkenntnisurteile. Diese müssen mit etwa 700 angesetzt werden, so daß 287 streitige Urteile verbleiben. Auf jede der 13 Kammern entfallen somit 22 streitige Urteile und 60 Vergleiche, davon 39, die während der Hauptverhandlung geschlossen wurden. Damit ist die Tätigkeit einer Kammer jedoch nicht erschöpft. Vielmehr kommen Berufungs- und Beschwerdesachen sowie Strafsachen hinzu.

b) Beide Landgerichte hatten im Jahre 1970 1412 Berufungen in Zivilsachen zu bearbeiten, das Östliche Landgericht 900, das Westliche 512.

Von den 900 Sachen beim Östlichen Landgericht wurden 427 durch Urteil entschieden (davon 147 Ehesachen und 40 Vaterschaftssachen), 184 Sachen wurden verglichen, der Rest entfiel aus verschiedenen Gründen.

Auf jede Kammer kamen mithin durchschnittlich 32 Berufungsurteile und 14 Vergleiche.

c) Im gleichen Zeitraum wurden an den Landgerichten 207 zivilrechtliche Beschwerdesachen entschieden, davon beim Östlichen Landgericht 118. Das bedeutet, daß durchschnittlich in jeder Kammer 10 Beschwerdeentscheidungen ergingen, also eine sehr geringe Anzahl.

d) Eine Abteilung (Kammer) beim Landgericht hat pro Jahr durchschnittlich 450 Zivil- und Strafsachen[21] zu bearbeiten. Diese setzen sich etwa so zusammen:

190 erstinstanzliche Zivilsachen (bei diesen 22 streitige Urteile – siehe a),

70 Berufungszivilsachen (bei diesen 32 streitige Urteile – siehe b),

10 Beschwerden in Zivilsachen,

3–4 erstinstanzliche Strafsachen (Schwurgerichtssachen),

21 Die Präsidenten der Landgerichte vertreten nachhaltig den Standpunkt, daß das jährliche Pensum einer Abteilung (Kammer – drei Berufsrichter/landsdommer) im Interesse einer gründlichen und sorgfältigen Behandlung 450 Sachen nicht übersteigen sollte. Beim Östlichen Landgericht ist die Zahl in den Jahren 1966 bis 1973 von 428 auf 511 gestiegen, beim Westlichen Landgericht im selben Zeitraum von 288 auf 524.

100 Berufungsstrafsachen,
77 Beschwerden in Strafsachen.

5. Vom Höchsten Gericht wurden im Jahre 1970 146 zivilrechtliche Berufungssachen entschieden, davon 86 aus dem Bereich des Östlichen Landgerichts, 43 aus dem des Westlichen Landgerichts. 17 Sachen waren in erster Instanz vom See- und Handelsgericht in Kopenhagen entschieden worden. Unter den 146 Sachen befanden sich nur 21 Sachen, die in erster Instanz von einem Untergericht entschieden waren und mit Zulassung des Justizministeriums zur Entscheidung vor das Höchste Gericht (als dritte Instanz) gebracht waren. Daraus ist zu ersehen, wie streng das Grundprinzip des Zwei-Instanzen-Zuges eingehalten wird. 78 Sachen wurden durch Urteil entschieden, wobei das Urteil in der Vorinstanz in 59 Fällen bestätigt, in 19 Fällen abgeändert wurde.

Das Höchste Gericht entschied 1970 über 24 Beschwerden, von denen 15 keinen Erfolg hatten[22].

22 Über Beschwerden entscheidet beim Höchsten Gericht in der Regel der sogenannte »Beschwerdeausschuß«, bestehend aus drei Richtern.

IV. Strafverfahren

A. Anklagebehörden

1. Zuständigkeit

Das Gericht wird in Strafsachen nur auf Antrag dessen tätig, dem das Recht der Anklage zusteht (§ 718 RechtspflG). Abgesehen von den Fällen, in denen eine Privatperson Anklage erheben kann (Privatklagedelikte – § 275 Strafgesetz), sind in Dänemark Reichsanwalt (rigsadvokat), Staatsanwalt (statsadvokat) und Polizeimeister (politimester = Leiter eines Polizeibezirks) zur Strafverfolgung und Anklage berechtigt.

Der Reichsanwalt nimmt die Bearbeitung von Strafsachen wahr, die beim Höchsten Gericht anhängig sind. Zu seiner Entlastung steht ihm ein Staatsanwalt zur Seite, der an seiner Stelle Sachen beim Höchsten Gericht führen kann und das in vielen Fällen auch tut. Der Justizminister kann im Einzelfall nach Absprache mit dem Reichsanwalt auch eine andere Person – nicht unbedingt einen Staatsanwalt – bevollmächtigen, beim Höchsten Gericht aufzutreten. Davon wird jedoch äußerst selten Gebrauch gemacht. Der Reichsanwalt ist den anderen öffentlichen Anklägern übergeordnet und deren Dienstvorgesetzter. Der Justizminister hat im übrigen Weisungsbefugnis.

Die für die Landgerichtskreise bestellten Staatsanwälte sind für die Verfolgung aller Verbrechen und Vergehen zuständig, bei denen weder eine Privatperson noch der Polizeimeister ein Anklagerecht hat. Der Staatsanwalt erhebt in diesen sogenannten »Staatsanwaltssachen« – je nach

Strafandrohung für das betreffende Delikt – Anklage vor dem Landgericht oder Untergericht, in Seesachen vor dem See- und Handelsgericht. Er tritt in der Hauptverhandlung in der Regel aber nur beim Landgericht und See- und Handelsgericht auf, während beim Untergericht für ihn der zuständige Polizeimeister oder dessen Bevollmächtigter Anklagevertreter ist. In »Polizeisachen« (= Strafsachen, bei denen dem Polizeimeister das Recht zur Anklage zusteht) ist der Polizeimeister mit selbständiger Befugnis öffentlicher Ankläger. Wird das in einer Polizeisache ergangene Urteil angefochten – entweder vom Angeklagten oder von der Anklagebehörde, wobei allein der Staatsanwalt nach Vorlage durch den Polizeimeister entscheidet, ob Berufung eingelegt wird oder nicht –, so obliegen die weitere Bearbeitung und die Wahrnehmung des Hauptverhandlungstermins vor dem Landgericht dem Staatsanwalt.

Es ist auch möglich, daß der Staatsanwalt für eine bestimmte Sache einen Rechtsanwalt beauftragt, für ihn in der Hauptverhandlung aufzutreten, was nach § 105 Abs. 2 RechtspflG zulässig ist. Der Staatsanwalt pflegt unter den Anwälten mehrere feste »Mithelfer« zu haben, die vom Justizminister bestellt wurden und auf die er bei Bedarf zurückgreift. In der Praxis wird hiervon nicht selten Gebrauch gemacht. Der Anwalt wird dann nach Abschluß für die betreffende Sache aus der Staatskasse bezahlt.

2. *Polizeisachen*

Zunächst bestimmt § 720 RechtspflG, daß es in allen Sachen, deren Verfolgung nicht dem Polizeimeister oder Privaten zugewiesen ist, Aufgabe des Staatsanwalts ist, Anklage beim zuständigen Gericht zu erheben. Einen Voruntersuchungsantrag stellt allerdings immer der Polizeimeister, es sei denn, daß der Staatsanwalt die Sache ausnahmsweise bereits in diesem Stadium übernimmt, wie

z. B. bei Kapitaldelikten. § 721 RechtspflG beschreibt dann den Begriff »Polizeisachen«. Danach ist es Aufgabe des Polizeimeisters, Anklage beim Untergericht in bestimmten Fällen, die das Gesetz im einzelnen angibt, zu erheben, und zwar

a) bei allen Gesetzesübertretungen, für die, abgesehen von Wiederholungsfällen, lediglich Geld- oder Haftstrafe angedroht ist (hiervon gibt es einige Ausnahmen, die mithin trotz Geld- oder Haftstrafe Staatsanwaltssachen sind);
b) auch bei anderen Straftaten, die mit einer Gefängnisstrafe bedroht sind, z. B. Gefährdung im Vollrausch (§ 138 Strafgesetz); diese sind im einzelnen angegeben;
c) bei weiteren strafbaren Handlungen, die in einigen Nebengesetzen enthalten sind (z. B. Wasserversorgungsgesetz, Gesetz zum Schutz von Telefonleitungen, Gesetz betr. ansteckende Krankheiten bei Haustieren).

Die große Masse der Polizeisachen betrifft Verkehrsübertretungen (bei uns Ordnungswidrigkeiten).

Dem bei der Staatsanwaltschaft ständig zunehmenden Arbeitsanfall – die Zahl der Strafsachen ist auch in Dänemark in den letzten Jahren erheblich angestiegen – ist vor einiger Zeit dadurch Rechnung getragen worden, daß durch zwei am 1. 7. 1972 in Kraft getretene Änderungsgesetze der Kreis der »Polizeisachen« erweitert wurde. Es sind damit Sachen, die vordem Staatsanwaltssachen waren, zu Polizeisachen erklärt und damit der staatsanwaltschaftlichen Zuständigkeit, jedenfalls in erster Instanz, entzogen worden. Bei den unter a aufgeführten Gesetzesübertretungen hat man die Ausnahmen erheblich eingeschränkt und darüber hinaus bei den Straftaten unter b eine Reihe von Tatbeständen mit hinzugenommen. Entsprechend ist der § 721 RechtspflG neu gefaßt worden. Die zweite Änderung betrifft das Verkehrsgesetz. Bislang waren alle Sachen, bei denen es um die Entziehung der Fahrerlaubnis ging (Fälle der Trunkenheit am Steuer und des groben unverantwortlichen Verkehrsverstoßes) Staatsanwaltssachen mit der Folge, daß diese vor dem Schöffengericht verhandelt wurden; denn es gilt der Grundsatz, daß Polizeisachen beim Einzelrichter, Staatsanwaltssachen hingegen beim Schöffengericht angeklagt werden, sofern nicht das Landgericht (Schwurgericht) zuständig ist[1]. Man hat sich jedoch bislang nicht entschließen können, die zahlreichen Sachen, bei denen eine Entziehung der Fahrerlaubnis in Betracht kommt, zu Polizeisachen zu erklären, obwohl sich das geradezu anbot[2]. Statt dessen ist man zu einer Zwischenlösung gekommen. Der Polizeimeister hat zwar jetzt die Anklage zu erheben, jedoch nicht beim Einzelrichter, wie er es sonst kraft Gesetzes zu tun hat, sondern beim Schöffengericht. Das ist eine Regelung, die den Kriterien für die Einteilung in Staatsanwalts- und Polizeisachen widerspricht. Der Frage der Fahrerlaubnis hat der zuständige Justizausschuß, der das Änderungsgesetz vorbereitet hat, aber offensichtlich eine solche Bedeutung beigemessen, daß er auf die Mitwirkung von Schöffen in diesen Sachen nicht verzichten zu können glaubte, woran sich die allgemeine, seit langem bestehende Tendenz zeigt, in weitem Umfange das Laienelement an der Rechtsprechung in Strafsachen zu beteiligen[3].

1 Eine Ausnahme bildet das »Geständnisverfahren«. Hierbei wird die Anklage in Staatsanwaltssachen in der Regel beim Einzelrichter am Untergericht erhoben.

2 Neuerdings laufen Bestrebungen, diese Sachen zu reinen Polizeisachen zu erklären, mit der Folge, daß der Einzelrichter entscheidet. Ob der Vorschlag Gesetz wird, ist fraglich.

3 Das ist in Schweden noch ausgeprägter, allerdings völlig anders gestaltet (Spruchkörper für alle Strafsachen außer Bagatellsachen beim Eingangsgericht: ein Berufsrichter und fünf Schöffen).

3. Aufbau der Staatsanwaltschaft und der Polizei als Anklagebehörde
– im besonderen Staatsanwaltschaftsbezirk Seeland –

Es ist außerordentlich schwierig, Aufbau und Arbeitsweise der Staatsanwaltschaft in Dänemark und Deutschland miteinander zu vergleichen. Daß Dänemark mit einer Einwohnerzahl von etwa fünf Millionen nur neun Staatsanwälte einschließlich des Reichsanwalts hat, klingt zwar recht bestechend, besagt aber, isoliert betrachtet, kaum etwas. Die geringe Zahl wird erst dann verständlich, wenn man die Stellung des dänischen Staatsanwalts (statsadvokat) und die Organisation der Anklagebehörden näher beleuchtet. Dabei zeigt sich dann wie auch an Hand anderer Beispiele, daß die Verwendung derselben Berufsbezeichnung in verschiedenen Ländern noch nicht den Schluß rechtfertigt, daß auch die Funktionen dieselben sind. Dänemark geht mit der Bezeichnung »statsadvokat« (Staatsanwalt) äußerst sparsam um, und eine erhebliche Zahl anderer Bediensteter mit anderen Berufsbezeichnungen nimmt ebenfalls staatsanwaltschaftliche Aufgaben wahr. Der »statsadvokat« entspricht etwa dem »Leitenden Oberstaatsanwalt« bei uns[4].

Die Staatsanwaltschaft ist in Dänemark wie folgt aufgebaut:

ein Reichsanwalt (rigsadvokat – oberster Ankläger des Landes – nimmt die Durchführung von Strafsachen in der Rechtsmittelinstanz beim Höchsten Gericht wahr und ist Dienstvorgesetzter);

ein Staatsanwalt als ständiger Vertreter des Reichsanwalts;

sieben Staatsanwälte (statsadvokater – Leitende Oberstaatsanwälte), und zwar: zugeordnet dem Östlichen Landgericht in Kopenhagen: einer für Seeland (Sjaelland) und

4 Der »statsadvokat« wird in Dänemark besoldet wie ein Gerichtsvorsitzender beim Landgericht.

Frederiksbjerg (liegt im Stadtgebiet von Kopenhagen, hat aber einen eigenen Gerichtsbezirk), zwei für Kopenhagen, einer für Fünen, Lolland/Falster, Bornholm – mit Sitz in Kopenhagen; zugeordnet dem Westlichen Landgericht in Viborg: drei für Jütland, mit Sitz in Viborg, Aalborg und Sönderborg.

Weitere »Staatsanwälte« hat Dänemark in der Tat nicht. Es liegt auf der Hand, daß diese wenigen Juristen die staatsanwaltschaftlichen Aufgaben allein nicht bewältigen können, noch dazu, wo im Hinblick auf die anders geartete Stellung des Staatsanwalts im Strafverfahren die Vorbereitung und Durchführung größerer Sachen mehr Arbeitsaufwand erfordern dürfte als bei uns. Genauso wie im Gerichtswesen nicht die »Richter« (dommer) die einzigen Juristen sind, die richterliche Aufgaben wahrnehmen, arbeiten bei der Staatsanwaltschaft unter den Staatsanwälten eine ganze Reihe weiterer Juristen, und es darf in diesem Zusammenhang auch nicht außer Betracht bleiben, daß in »Polizeisachen« ausschließlich der Polizeimeister, der Leiter eines Polizeibezirks, ein Jurist (nicht zu verwechseln mit unserem Polizeimeister), Anklagebehörde ist, ferner daß darüber hinaus der Polizeimeister auch in Staatsanwaltssachen den Sitzungsdienst beim Untergericht, wo die weitaus größte Zahl sämtlicher Strafsachen anhängig gemacht wird, wahrnimmt. Das soll nachstehend an Hand des Staatsanwaltschaftsbezirks Seeland (einschließlich Frederiksberg) näher erläutert werden (Stand 1972):

Bei dem Staatsanwalt für Seeland einschließlich Frederiksbjerg, sind ständig sechs Bevollmächtigte (fuldmägtige)-Juristen – mit voller Arbeitskraft beschäftigt. Außerdem arbeiten dort sechs bis sieben Bevollmächtigte mit halber Arbeitskraft[5]. Es sind dies Bevollmächtigte – jüngere Ju-

5 Insgesamt waren bei den Staatsanwaltschaften im Juni 1972 46 Bevollmächtigte voll- und 14 teilzeitbeschäftigt. Hinzu kommen 21 »Mithelfer«, davon 7 praktizierende Anwälte.

risten –, die im Justizministerium mit einem Jahresbruttogehalt von 50 000–80 000 Kronen – je nach Dienstalter[6] – angestellt sind und für die die Teilbeschäftigung bei der Staatsanwaltschaft eine Art Nebentätigkeit mit besonderer Besoldung (etwa 15 000 Kronen im Jahr) bedeutet, die zugleich der Aus- und Fortbildung des jungen Juristen auch im Hinblick auf einen späteren Einsatz bei den Gerichten dient. Schließlich hat der Staatsanwalt für Seeland noch zwölf Mithelfer (medhjälpere) – Rechtsanwälte und Bevollmächtigte aus dem Justizministerium –, die von Fall zu Fall in Anspruch genommen werden. So tritt gelegentlich beim Landgericht in erstinstanzlichen Sachen, insbesondere aber auch in Berufungssachen, ein Rechtsanwalt für den Staatsanwalt auf; er trägt vor, verhört und plädiert. Das Honorar dieses »Mithelfers« wird am Schluß der Verhandlung für die betreffende Sache vom Gericht festgesetzt. Es liegt in der Regel 25 % über dem Verteidigerhonorar, das ebenfalls vom Gericht festgesetzt und sogar in die Urteilsformel mit aufgenommen wird. Die Staatsanwälte, von denen jeder an der Spitze seiner Behörde steht, pflegen aber auch selbst eine Reihe von Sachen zu bearbeiten, in denen sie dann auch in der Hauptverhandlung vor dem Landgericht auftreten. So bearbeitete der Staatsanwalt für Seeland 1971/72 eine größere Raubsache, den sogenannten »Tuborg-Fall«, bei dem es dem Täter u. a. gelungen war, von dem Direktor eines größeren Unternehmens 1,8 Millionen Kronen zu erpressen. Diese Sache wurde vor dem Schwurgericht beim Östlichen Landgericht in Kopenhagen angeklagt und an drei Tagen verhandelt[7]. Der Staatsanwalt für Seeland tritt aber auch

6 Die Gehälter sind wegen anhaltender Teuerung inzwischen erhöht worden.

7 Es trat hierbei die Rechtsfrage auf, ob nach dänischem Recht einfacher Raub oder »Raub von besonders gefährlichem Charakter« vorlag. Darüber entschieden allein die

in kleineren Berufungsverfahren hin und wieder beim Landgericht selbst auf und reist auch zu Verhandlungen mit in die Provinz. Er hält es für erforderlich und wünschenswert, daß auf diese Weise der Kontakt zwischen ihm und den Gerichten erhalten bleibt. Darüber hinaus obliegt es ihm, die Rechtsprechung in Strafsachen genau zu verfolgen, da allein er darüber zu entscheiden hat, ob in einer Sache, auch in einer Polizeisache, Berufung eingelegt wird oder nicht. Dabei wacht er auch darüber, daß bei den Routinedelikten (z. B. Alkohol am Steuer, grobe Verkehrsvergehen) eine feste, vom Höchsten Gericht bestätigte Linie eingehalten wird und daß nicht etwa irgendein Richter beim Untergericht hiervon ohne Grund abweicht. So waren an einem Sitzungstag im Mai 1972 bei einer Kammer des Östlichen Landgerichts, besetzt mit drei Richtern und drei Schöffen, von vier anstehenden Sachen allein drei, in denen der Staatsanwalt Berufung eingelegt hatte und es allein darum ging, ob statt zehn Tage Haft, wie vom Untergericht verhängt, nicht 20 oder 25 Tage Haft oder ein längerer Entzug der Fahrerlaubnis (zwei Jahre statt ein Jahr) geboten seien. Dadurch soll erreicht werden, daß für gleichgelagerte Fälle auch gleiche Strafen verhängt werden und Strafart und Strafhöhe nicht etwa davon abhängig sind, in welchem Gerichtsbezirk die Tat begangen und bei welchem Gericht Anklage erhoben worden ist.

Im Bezirk des Staatsanwalts für Seeland liegen 20 Polizeidistrikte, an deren Spitze je ein Polizeimeister steht. In Kopenhagen führt der Leiter der Polizei den Titel »Polizeidirektor«. Die Polizei, die dem Justizminister unterstellt ist, hat in Dänemark umfassendere Aufgaben als bei uns. Außer Ordnungspolizei und Kriminalpolizei haben die einzelnen Distrikte auch zivile Abteilungen. Die Polizei hat

zwölf Geschworenen nach der Beweisaufnahme und nach eingehender Belehrung durch den Vorsitzenden.

nämlich auf bestimmten Rechtsgebieten auch zivilrechtliche Anträge entgegenzunehmen und kann bei kleineren Streitigkeiten vermittelnd eingreifen. Zu den besonderen Aufgaben der Polizei gehören darüber hinaus staatsanwaltschaftliche Funktionen, nämlich Strafverfolgungsmaßnahmen einschließlich der Anklage und deren Vertretung in der Hauptverhandlung. Wie bereits dargetan, trifft das in eigener Zuständigkeit für »Polizeisachen« zu, soweit die erstinstanzliche Behandlung beim Untergericht in Frage steht. Der Polizeimeister ist außerdem Sitzungsvertreter des Staatsanwalts beim Untergericht in Sachen, bei denen dem Staatsanwalt das Recht der Anklage zusteht (Staatsanwaltssachen). Damit ergibt sich zwangsläufig, daß bei Erörterung der Frage, welche und wie viele Personen mit den Aufgaben eines Staatsanwalts in unserem Sinne beschäftigt sind, dieser sehr wichtige Zweig der Polizei nicht außer acht gelassen werden darf. Der Polizeimeister (in Kopenhagen »Polizeidirektor«) beschäftigt zur Erfüllung seiner staatsanwaltschaftlichen Aufgaben Bevollmächtigte, die ebenfalls Juristen sind. In den Polizeidistrikten auf Seeland sind je nach Größe ein bis drei Bevollmächtigte tätig[8]. Die älteren Bevollmächtigten sind »Polizeiassessoren«, in Kopenhagen führen sie zum Teil den Titel »Polizeiadvokat«. Für den jüngeren Juristen, der später den Richterberuf anstrebt, wird der Dienst als Polizeibevollmächtigter als nützliche Vorstufe angesehen.

4. *Opportunitätsprinzip*

Abgesehen von den Fällen, in denen die Weiterverfolgung voraussichtlich nicht zu einer Verurteilung des Beschuldigten führen wird, ist der Staatsanwalt weitgehend befugt,

8 Im Juni 1972 gab es in Dänemark insgesamt 188 Polizeibevollmächtigte.

Hist. Sem. Univ. Kiel

von einer Anklage abzusehen oder eine bereits erhobene Anklage zurückzunehmen (Anklageverzicht), ohne daß es der Zustimmung des Gerichts bedarf (§ 723 RechtspflG). Das gilt zunächst bei Jugendlichen, wenn das Gericht dem Beschuldigten der Kinder- und Jugendfürsorge unterstellt oder Auflagen macht, wie sie sonst bei bedingten Urteilen üblich sind (z. B. Auflagen über Aufenthalt, Arbeit, Ausbildung, Freizeit, Alkoholenthaltsamkeit, psychiatrische Behandlung, Schadenswiedergutmachung). Diese Fälle kommen etwa einer Einstellung nach §§ 45, 47 JGG gleich[9], nur daß eben in keinem Falle der Richter einstellt, sondern der Staatsanwalt. Der Staatsanwalt kann generell, also auch bei erwachsenen Straftätern, von einer Verfolgung absehen, wenn die Tat vor einem Urteil, in dem auf eine Strafe wegen einer früheren Tat erkannt worden ist, begangen ist und mit keiner oder nur einer geringen »Zusatzstrafe« zu rechnen ist[10]. Das entspricht einer Einstellung nach § 154 StPO, wobei jedoch auch nach Anklageerhebung der »Verzicht« auf weitere Durchführung des Verfahrens allein vom Staatsanwalt abhängt. Schließlich kann der Staatsanwalt bei Vorliegen besonderer Umstände auch in anderen Fällen nach näherer Anordnung des Justizministers das Verfahren einstellen. Hierzu besteht eine Bekanntmachung des Justizministers, in der eine Reihe von Straftatbeständen aufgeführt sind, bei denen »der Staatsanwalt bevollmächtigt wird, ohne Vorlage beim Reichsanwalt von einer Verfolgung abzusehen (evtl. gegen Zahlung von Tagesbußen oder Schadensersatzleistung)«. Hierunter fallen u. a.: Siegelbruch, Amtsanmaßung, Urkundenfälschung

9 Jugendgerichte gibt es in Dänemark nicht.

10 Das dänische Recht kennt nicht den Begriff der Gesamtstrafe. Man verhängt bei mehreren, zugleich abgeurteilten Taten eine Einheitsstrafe (vgl. § 31 JGG). Werden frühere Taten nachträglich abgeurteilt, kommt eine »Zusatzstrafe« in Betracht.

mit unbedeutenden Folgen, Bereicherungsdelikte ohne nennenswerten Schaden, Sachbeschädigung, untreueähnliche Handlungen, unterlassene Hilfeleistung etc. Hier drängt sich ein Vergleich mit §§ 153, 153 a StPO auf, wobei im dänischen Recht jedoch die Einstellung auf bestimmte Straftatbestände beschränkt ist und auch nach Anklageerhebung die Entscheidung hierüber allein in den Händen des Staatsanwalts liegt.

Darüber hinaus kann der Staatsanwalt auch in anderen Fällen, also ohne Beschränkung auf bestimmte Straftatbestände, die Sache dem Reichsanwalt zur Entscheidung vorlegen, sofern er der Auffassung ist, daß im Hinblick auf besondere mildernde Umstände von einer Anklageerhebung ohne Schaden für die öffentlichen Belange abgesehen werden kann. In zweifelhaften Fällen kann dieser die Frage dem Justizminister zur Entscheidung überlassen.

Der Reichsanwalt und die Staatsanwälte machen von der ihnen überlassenen Einstellungsmöglichkeit bei Vorliegen besonderer Umstände nur nach sorgfältiger Prüfung und spärlich Gebrauch[11]. Sie stehen in Dänemark in hohem Ansehen, und man vertraut voll darauf, daß sie sachgerecht und nach einheitlichen Gesichtspunkten entscheiden. Der Polizeimeister hat keine gleichen oder ähnlichen Befugnisse. Er bedarf für eine Einstellung, die in Polizeisachen nur in wenigen Fällen in Betracht kommt, der Zustimmung des Staatsanwalts.

Daß die Verfolgung einer Sache und der Anklageverzicht in bestimmten Fällen allein dem Staatsanwalt bzw. Reichsanwalt überlassen sind, wird verständlich, wenn man sich vergegenwärtigt, daß der Strafprozeß in Dänemark mehr als ein Parteiverfahren, fast nach Art eines Zivil-

11 Der Staatsanwalt für Seeland erklärte, daß er im Jahr etwa 1500 Sachen mit Auflage zur Zahlung einer Geldbuße einstelle.

prozesses, angesehen wird. Der Staatsanwalt hat zu ermitteln, Anklage zu erheben, in der Hauptverhandlung die Sache »vorzulegen« (vorzutragen) und Beweis zu führen. Er vernimmt zunächst den Angeklagten und später seine Zeugen. Der »inquisitorische« Richter ist seit der Justizreform aus dem Jahre 1919 abgeschafft. Die Stellung von Staatsanwalt und Richter im Strafprozeß läßt geraten erscheinen, allein ersterem zu überlassen, ob eine Sache auch bei dringendem Tatverdacht verfolgt werden soll oder nicht, wobei er an bestimmte, vorstehend aufgeführte Regeln gebunden ist.

B. Sachliche Zuständigkeit der Gerichte in Strafsachen unter besonderer Hervorhebung der Geständnissachen

Erstinstanzliche Gerichte in Strafsachen sind ausschließlich das Untergericht (Stadtgericht, Kreisgericht) und das Landgericht. Die Abgrenzung weicht sehr erheblich von der in unserem Gerichtsverfassungsgesetz für Amtsgericht und Landgericht enthaltenen Regelung ab. Es gibt keine dem § 24 Abs. 2 GVG (Beschränkung der Strafgewalt des Amtsgerichts auf drei Jahre Freiheitsstrafe) entsprechende Bestimmung. Die Strafgewalt des Richters beim Untergericht ist umfassend.

1. Voruntersuchung beim Untergericht

Zunächst bestimmt das Rechtspflegegesetz in Kapitel 62 über die »Zuständigkeit der Gerichte«, daß die »Voruntersuchung und vereinzelte Rechtshandlungen« vom Untergericht bzw. von dem See- und Handelsgericht als Untersuchungsgericht durchzuführen sind. Ausnahmsweise kann der Präsident des Landgerichts oder auch der Präsident des Höchsten Gerichts einen Richter des Landgerichts zum Untersuchungsrichter bestimmen, der seinerseits dann befugt ist, einzelne Rechtshandlungen, so auch Vernehmungen, durch den Untersuchungsrichter beim Untergericht ausführen zu lassen. Diese Ausnahme spielt aber in der Praxis kaum eine Rolle.

Eine Voruntersuchung ist in keinem Falle zwingend vorgeschrieben, auch nicht in Schwurgerichtssachen. Zweck der Voruntersuchung ist es, eine Sache soweit aufzuklären, daß beurteilt werden kann, welcher Straftatbestand einer eventuellen Anklage zugrunde zu legen und bei welchem Gericht die Anklage zu erheben ist. Darüber hinaus sind in der Voruntersuchung die Beweise zu erheben, bei denen anzunehmen ist, daß sie in der Hauptverhandlung nicht oder nur unter Schwierigkeiten erhoben werden können (Beweissicherung). Scheint danach die Voruntersuchung im dänischen Strafverfahrensrecht der im deutschen Recht inzwischen abgeschafften Voruntersuchung zu entsprechen, so wäre es aber dennoch verfehlt, angesichts der übereinstimmenden Bezeichnung mit der dänischen Voruntersuchung Vorstellungen zu verbinden, die auf der Kenntnis der bei uns früher praktizierten Voruntersuchung beruhen. Vor allen Dingen muß man sich bei der Voruntersuchung nach dänischem Recht von dem Gedanken freimachen, daß damit eine erhebliche Verzögerung des Verfahrens verbunden wäre. Das Gegenteil ist der Fall. Die Voruntersuchung, von der in Dänemark, obwohl sie nicht zwingend vorgeschrieben ist, sehr weitgehend Gebrauch gemacht wird, dient der Vereinfachung und Beschleunigung des Verfahrens. Sie beschränkt sich meistens auf eine Vernehmung des Angeschuldigten, erforderlichenfalls wird während der Voruntersuchung auch ein fachärztliches Gutachten über dessen Geisteszustand (»Mentaluntersuchung«) eingeholt. Nur äußerst selten werden in Dänemark Zeugen während der Voruntersuchung vernommen, weil dadurch eine Verzögerung eintreten würde und den Zeugen möglichst ein wiederholtes Erscheinen vor Gericht erspart werden soll. – Die Voruntersuchung, bei der der Strafrichter des Untergerichts als Untersuchungsrichter fungiert, hat vorrangig Bedeutung für alle die Fälle mittlerer und schwerer Kriminalität, in denen der Täter geständig ist, weil hierbei unter bestimmten Voraussetzungen ein vereinfachtes Verfahren, in den meisten Fällen sogar ohne schriftliche Anklage, Platz greift, das im dänischen Recht als »Geständnisverfahren« bezeichnet wird. Oftmals stellt der Polizeimeister oder der Staatsanwalt bereits innerhalb von ein bis zwei Wochen nach Festnahme und Inhaftierung des Täters einen Voruntersuchungsantrag bei Gericht, weil er nach den bis dahin entstandenen Vorgängen damit rechnet, daß die Sache in diesem vereinfachten Verfahren jedenfalls in erster Instanz sehr schnell zum Abschluß gebracht werden kann. Zum mindesten wird diese Frage im Voruntersuchungstermin geklärt.

Um die Bedeutung des Geständnisverfahrens zu verstehen, ist es erforderlich, zunächst die erstinstanzliche Zuständigkeit des Landgerichts in Strafsachen zu behandeln.

2. *Zuständigkeit des Landgerichts* (als Gericht erster Instanz)

Das Landgericht ist als erstinstanzliches Gericht nur in den Strafsachen zuständig, in denen Geschworene mitzuwirken haben. Das ist der Fall,

a) wenn Gegenstand des Verfahrens ein Verbrechen ist, für das das Gesetz eine lebenslängliche Freiheitsstrafe oder eine Gefängnisstrafe von acht Jahren oder mehr zuläßt, ohne daß die Höhe der Strafe durch gewerbs- oder gewohnheitsmäßige Ausübung der strafbaren Handlung oder durch Rückfall bedingt ist. Einige wenige Straftatbestände sind ausgenommen, so die schweren Fälle der Urkundenfälschung, der Unterschlagung und des Diebstahls, bei denen an sich auch eine Freiheitsstrafe bis zu acht Jahren verhängt werden kann. Es kommt nicht darauf an, welche Strafe im Einzelfall angemessen erscheint, sondern allein darauf, ob der Strafrahmen eine Gefängnisstrafe von mindestens acht Jahren umfaßt. Möglichkeiten einer Strafherabsetzung wegen Versuchs oder Mitwirkung (Beihilfe) bleiben bei Prüfung der sachlichen Zuständigkeit außer Betracht;

b) beim Straftatbestand der Kindestötung unter besonderen Umständen (§ 238 des dänischen Strafgesetzes – entspricht mit Abweichungen unserem § 217 StGB), der als Höchststrafe vier Jahre Gefängnis enthält;

c) in Sachen, die politische Gesetzesübertretungen betreffen.

Für a und b gilt jedoch: Die Zuständigkeit des Landgerichts entfällt, wenn die Voraussetzungen für eine Verhandlung vor dem Untergericht nach §§ 925, 925 a des Rechtspflegegesetzes vorliegen (Geständnissachen). Daraus ergibt sich, daß eine Verhandlung vor dem Untergericht selbst dann möglich ist, wenn die Verhängung einer lebenslänglichen Freiheitsstrafe in Betracht kommt. Wenn auch generell der Umfang des Strafrahmens das Kriterium für die Zuständigkeitsabgrenzung zwischen Landgericht und Untergericht ist, so besteht jedoch gesetzlich keine Beschränkung der Strafgewalt des Richters beim Untergericht.

3. Zuständigkeit des Untergerichts

Vor die Untergerichte kommen alle die Strafsachen, die nicht vor die Landgerichte gehören, mithin alle die Sachen, die ohne Hinzuziehung von Geschworenen zu verhandeln sind.

Beim Untergericht ist in Strafsachen wie bei uns zwischen dem Einzelrichter und dem Schöffengericht (ein Richter und zwei Schöffen – domsmänd) zu unterscheiden. Es gilt als Regel, daß Schöffen grundsätzlich in allen Sachen mitzuwirken haben. Ausgenommen – d. h., in diesen Sachen verhandelt und entscheidet der Strafrichter allein – sind jedoch:

a) die Fälle, die nach § 925 RechtspflG ohne Anfertigung einer Anklageschrift abgeurteilt werden (Geständnissachen);
b) Sachen, die vor das See- und Handelsgericht in Kopenhagen oder das Seegericht kommen;
c) Polizeisachen; hierunter fallen vorwiegend Verstöße, die bei uns als Ordnungswidrigkeiten geahndet werden, aber auch Fälle leichterer Kriminalität; sie werden in den »Polizeiabteilungen« beim Untergericht bearbeitet;
d) die spätere Festsetzung der Strafe bei bedingten Urteilen ohne Strafausspruch (nach Art des § 27 JGG – im dänischen Recht auch bei Erwachsenen möglich) sowie die Anordnung der Vollstreckung einer zur Bewährung ausgesetzten Strafe nach Verstoß gegen Auflagen (Widerruf der Strafaussetzung zur Bewährung). In beiden Fällen wird durch Urteil entschieden. Zuständig ist, auch wenn die Sache in erster Instanz beim Landgericht abgeurteilt worden ist, der Einzelrichter beim Untergericht. Auch hierbei zeigt sich, daß für den Richter beim Untergericht keine Einschränkung der Strafgewalt besteht.

4. *Geständnisverfahren*

Bei der Einteilung der erstinstanzlichen Zuständigkeit, bei der der Schwerpunkt beim Untergericht liegt, ist der sehr weitgezogene Kreis der Schwurgerichtssachen auffallend. Bei einer Strafandrohung von acht Jahren Gefängnis und mehr zählen nach dänischem Recht zu den Schwurgerichtssachen u. a.:

Falschmünzerei	§ 166:	Gefängnisstrafe bis zu 12 Jahren
Brandstiftung	§ 181:	Gefängnisstrafe bis zu 12 Jahren
Notzucht	§ 216:	Gefängnisstrafe bis zu 10 Jahren
Geschlechtsverkehr mit einem Kind unter 12 Jahren unter besonders schwerwiegenden Umständen	§ 222:	Gefängnisstrafe bis zu 12 Jahren
Raub	§ 288:	Gefängnisstrafe bis zu 10 Jahren
Totschlag (zwischen Mord und Totschlag wird im gesetzlichen Tatbestand nicht unterschieden)	§ 237:	Strafrahmen von fünf Jahren bis zu lebenslänglichem Gefängnis
Raub	§ 288:	Gefängsnisstrafe bis zu 10 Jahren
Raub besonders gefährlicher Art	§ 288 Abs.2:	Gefängnisstrafe bis zu 16 Jahren

Dieser Katalog könnte noch erheblich erweitert werden. Das Schwurgericht ist in Dänemark in vielen Fällen zuständig, in denen bei uns die erstinstanzliche Zuständigkeit der großen Strafkammer gegeben ist, wobei wiederum hervorzuheben ist, daß der einzige erstinstanzliche Spruchkörper beim Landgericht eben das Schwurgericht ist (vgl. Ziff. 2). Vergegenwärtigt man sich nun die Zusammensetzung des dänischen Schwurgerichts, nämlich bestehend aus drei Berufsrichtern und zwölf Geschworenen, wobei die Geschworenen nach dem anglo-amerikanischen Jury-System nach eingehender Belehrung und unter Vorlage schriftlicher, sorgfältig formulierter Fragen allein über die Schuldfrage entscheiden, ferner die recht lange Verhandlungsdauer (die Verhandlung in einer Raubsache mit geringen Folgen, die eine durchschnittliche Beweisaufnahme erfordert, kann zwei bis drei Tage dauern) und, insgesamt gesehen, den mit Vorbereitung und Durchführung des Verfahrens verbundenen Aufwand, so liegt die Annahme nahe, daß die sehr weitgefaßte Zuständigkeit des Schwurgerichts zu einer erheblichen Belastung der dänischen Strafjustiz führen kann. So sind denn dänische Richter auch der Auffassung, daß die mit acht Jahren Gefängnis bestimmte Zuständigkeitsabgrenzung den Erfordernissen der Praxis, noch dazu angesichts steigender Kriminalität, nicht mehr entspricht, zumal in vielen Schwurgerichtsfällen Freiheitsstrafen verhängt werden, deren Dauer weit weniger als acht Jahre beträgt. Auf der anderen Seite ist die Belastung durch Schwurgerichtssachen auch wiederum nicht so groß, wie man es auf den ersten Blick vermuten könnte. Im Jahre 1970 wurden beim Östlichen Landgericht in Kopenhagen mit etwa 2,8 Millionen Gerichtseingesessenen 39 Schwurgerichtssachen, die sich gegen insgesamt 54 Angeklagte richteten (davon wurden vier freigesprochen), verhandelt. Am Westlichen Landgericht in Viborg mit etwa 2,2 Millionen Gerichtseingesessenen waren es 31 Sachen mit 36 Angeklagten. Diese im Hinblick auf den weitgezogenen Kreis der Schwurgerichtssachen verhältnismäßig niedrigen Zahlen sind nur zu verstehen, wenn man Art und Auswirkungen des in den §§ 925, 925 a RechtspflG geregelten Geständnisverfahrens, das in der Praxis eine große Rolle spielt, kennt. Ein erheblicher Teil der Sachen, die nach der generellen Zuständigkeitsregelung eigentlich vor das Schwurgericht gehören, werden nämlich im vereinfachten Verfahren als »Geständnissachen« von dem Einzelrichter (§ 925) oder vom Schöffengericht (§ 925 a) beim Untergericht entschieden.

Legt der Beschuldigte während der Voruntersuchung (vgl. Ziff. 1) vor Gericht ein vorbehaltloses Geständnis ab, dessen Richtigkeit durch das sonstige Ermittlungsergebnis bekräftigt wird, kann die Sache, wenn der Beschuldigte (falls er das 18. Lebensjahr noch nicht vollendet hat, zugleich auch sein gesetzlicher Vertreter) zustimmt und auch die Strafverfolgungsbehörde einverstanden ist, ohne Anfertigung einer Anklageschrift sogleich zum Urteilsspruch durch das Gericht genommen werden, bei dem die Voruntersuchung läuft (§ 925). Gegenstand der Beschuldigung und Erklärungen des Beschuldigten sind zu Protokoll des Gerichtsbuches zu nehmen. Ist der Beschuldigte in Haft, ist ihm ein Pflichtverteidiger zu bestellen, was in der Regel schon vorher geschehen ist. Auch dieser muß dem vereinfachten Verfahren zustimmen. Befindet sich der Beschuldigte hingegen auf freiem Fuß und hat er bis dahin keinen Verteidiger, so ist er darauf hinzuweisen, daß ihm auf Antrag ein Pflichtverteidiger bestellt werden wird. Nur wenn er in diesen Fällen ausdrücklich erklärt, daß er keinen Verteidiger haben möchte, wird von der Bestellung eines Pflichtverteidigers abgesehen. – Der Richter urteilt als Einzelrichter beim Untergericht selbst in schwerwiegenden Sachen. Seine Strafgewalt ist unbegrenzt.

Diese Art der Aburteilung durch den »Untersuchungsrichter«, der zugleich der Richter der Strafabteilung ist, auf der Grundlage eines glaubhaften Geständnisses ohne förmliche Hauptverhandlung ist in den Sachen, für die nach der Grundregel das Schwurgericht zuständig wäre, dann nicht möglich, wenn die Anordnung der Sicherungsverwahrung (§ 65 des dän. Strafgesetzes) oder die Unterbringung in einer psychiatrischen Anstalt, in einer Trinkerheilanstalt oder in einer besonderen Verwahranstalt (§§ 70, 71, 73) – Psychopathenanstalt – in Betracht kommt. Aber auch in diesen Fällen kommt es nicht zu einer Verhandlung vor dem Schwurgericht, wenn der Täter die Tat in der Voruntersuchung gestanden hat und das Geständnis durch das sonstige Beweisergebnis erhärtet wird. Die Sache verbleibt mit Zustimmung der Beteiligten beim Untergericht, wobei notwendige Verteidigung besteht, jedoch muß hier eine förmliche Hauptverhandlung vor dem Schöffengericht stattfinden (§ 925 a). In jeder Lage des Verfahrens kann das Schöffengericht nach Beginn der Hauptverhandlung die Sache an das Landgericht verweisen, wenn es meint, daß die gesetzlichen Voraussetzungen für eine Aburteilung beim Untergericht nicht vorliegen.

Aber nicht nur in Fällen der schweren Kriminalität wirkt sich das Geständnisverfahren entlastend aus. Ist nämlich nach der generellen Regel der Kreis der Schöffengerichtssachen ebenfalls außerordentlich weit gezogen, so wird jedoch die Zuständigkeit in sehr vielen Sachen auf den Einzelrichter verlagert, wenn ein Geständnis vorliegt. So müßten beispielsweise alle Verkehrsvergehen, bei denen die Entziehung der Fahrerlaubnis in Betracht kommt (Trunkenheitsfahrten mit und ohne Folgen, aber auch »grob unverantwortliche« Verkehrsverstöße), vor dem Schöffengericht angeklagt und verhandelt werden. Sobald sich aber an Hand der polizeilichen Ermittlungen zeigt, daß der Täter geständig ist, kann die Sache mit seiner Zustimmung im Geständnisverfahren erledigt werden, d. h., sie wird zur Voruntersuchung genommen und ohne förmliche Anklage von einem Einzelrichter abgeurteilt.

Die Übersicht für das Jahr 1971 weist für das Stadtgericht in Kopenhagen, das elf Strafabteilungen zur Bearbeitung von »Staatsanwaltssachen« hat, 1588 Schöffengerichts- und 2050 Geständnissachen aus. Hinzu kommen etwa 1300 Sachen, die ohne Urteil durch Einstellung, Verwarnung oder Annahme einer Geldstrafe – auch das ist eine Besonderheit im Strafverfahrensrecht – abgeschlossen wurden. Auf jede Strafabteilung, der ein Berufsrichter vorsteht, entfallen etwa 300 Urteile jährlich. Schon diese Übersicht zeigt die Bedeutung des Geständnisverfahrens im dänischen Strafprozeß; denn die 2050 Geständnissachen hätten – statt vor einem Einzelrichter ohne Anklageerhebung – vor dem Schöffengericht, zum Teil sogar vor dem Schwurgericht, verhandelt werden müssen, wenn es das Geständnisverfahren nicht gäbe. Es wirkt sich entlastend für Gerichte und Staatsanwaltschaft aus, dient zugleich aber auch einem zügigen Prozeßablauf.

5. Rechtsmittel in Strafsachen

Das Landgericht ist zugleich Gericht der zweiten Instanz (Berufungs- und Beschwerdegericht) bei Einlegung von Rechtsmitteln gegen Urteile und andere Entscheidungen (»Erkenntnisse und andere Beschlüsse«) des Untergerichts. Das Höchste Gericht (Oberster Gerichtshof – Höjesteret) ist ein reines Rechtsmittelgericht, und zwar vorrangig ein Gericht zweiter Instanz gegenüber Urteilen und sonstigen Entscheidungen des Landgerichts, die dieses als erstinstanzliches Gericht erlassen hat. Nur mit besonderer Zulassung des Justizministeriums hat das Höchste Gericht als dritte Instanz in Sachen zu entscheiden, die in erster Instanz vom Untergericht entschieden worden sind (weitere Berufung, weitere Beschwerde)[12].

Da beim Landgericht in erster Instanz nur »Schwurgerichtssachen« verhandelt werden, hat das Höchste Gericht mithin über Berufungen gegen Schwurgerichtsurteile[13] zu befinden. Hierbei wirkt es praktisch als reines Revisionsgericht. Die Rechtsmittelgründe sind im Gesetz genau umrissen. Das Höchste Gericht kann nicht in die von den Geschworenen vorgenommene Beweiswürdigung eingreifen; denn es besteht im dänischen Prozeßrecht der Grundsatz, daß die allein von den Laienrichtern hierzu getroffene Entscheidung der Nachprüfung durch das nur mit Berufsrichtern besetzte Rechtsmittelgericht entzogen ist. Das gilt

12 Das Rechtsmittel gegen Urteile heißt »anke«. Auch das zweite Rechtsmittel wird so bezeichnet (weitere Berufung). Vom System her kennt man den Unterschied Berufung – Revision nicht.

13 Schwurgerichtsurteile mit ausführlicher Begründung, insbesondere Sachverhaltsfeststellungen, gibt es nicht. Dafür wird der von den Geschworenen beantwortete Fragebogen zu den Akten genommen. Im Urteil wird angeführt, worauf und wie die Geschworenen geantwortet haben. Es folgen ein oder zwei Sätze zum Strafmaß. (Vgl. Beispiel S. 125–127.)

jedoch nicht, wenn die Geschworenen auf Grund fehlerhafter Belehrung durch den Gerichtsvorsitzenden oder fehlerhaft formulierter Fragen von unrichtigen Voraussetzungen ausgegangen sind.

Soweit das Landgericht als Berufungsgericht gegenüber Urteilen des Untergerichts tätig wird, haben in den Sachen Schöffen mitzuwirken, bei denen auch beim Untergericht Schöffen mitgewirkt haben, darüber hinaus aber auch in den Fällen, die beim Untergericht als »Geständnissachen« (§ 925 RPflG) behandelt und vom Einzelrichter entschieden worden sind. Die Berufungsabteilung(-kammer) ist mit drei Richtern und drei Schöffen besetzt. In den übrigen Sachen (»Polizeisachen«) entscheidet das Landgericht in der Besetzung mit drei Berufsrichtern, mithin ohne Mitwirkung von Schöffen.

Nur in »Polizeisachen« ist die Anfechtungsmöglichkeit stark eingeschränkt. Der Staatsanwalt kann hier kein Urteil in einer Sache anfechten, bei der nach der zur Anwendung kommenden Gesetzesbestimmung keine anderen Folgen als Geldstrafe oder Einziehung angedroht sind. Dem Angeklagten steht in Polizeisachen das Recht der Berufung nur zu, wenn er zur Verhandlung erschienen ist und die Geldstrafe auf mehr als 60 Kronen lautet. Das Justizministerium kann auf Antrag in Fragen von grundsätzlicher Bedeutung oder bei »weitreichenden bedeutenden Folgen für den Angeklagten« Ausnahmen hiervon zulassen.

Der Staatsanwalt macht im übrigen von seinem Recht zur Einlegung eines Rechtsmittels häufig dann Gebrauch, wenn das Untergericht oder das Landgericht von einer auf Grund der Rechtsprechung des Höchsten Gerichts bestehenden »Generallinie« abgewichen ist, insbesondere im Strafmaß, so etwa, wenn für eine Alkoholfahrt statt 30 Tagen Haft, die üblicherweise verhängt zu werden pflegen, nur auf 20 Tage Haft oder gar auf eine Geldstrafe erkannt worden ist, oder wenn bei einem Delikt, bei dem sonst eine Strafaussetzung zur Bewährung (bedingtes Urteil) nicht in Betracht kommt[14], diese dennoch bewilligt worden ist. Die Anfechtungsfreudigkeit des Staatsanwalts beruht darauf, daß allgemein das Gefühl für gleichmäßige Behandlung in Dänemark recht ausgeprägt ist.

Hat eine Seite (Angeklagter oder Staatsanwalt) Berufung eingelegt, so kann die andere Seite auch noch nach Ablauf der Berufungsfrist, die zwei Wochen beträgt, binnen zwei Wochen, nachdem ihr die Berufung mitgeteilt worden ist, ebenfalls Berufung einlegen. Auch hiervon macht die Staatsanwaltschaft in Dänemark weitgehend Gebrauch. Sie schließt sich der Berufung des Angeklagten häufig an, um das Rechtsmittelgericht, das sonst das Verbot der reformatio in peius beachten müßte, freizustellen. Damit ist die Berufung eines Angeklagten nicht ohne Risiko, und es liegt auf der Hand, daß diese Praxis die Zahl der Berufungen in Grenzen hält, zumal die Rechtsmittelgerichte ohnehin in dem Rufe stehen, häufig strenger zu urteilen als die untere Instanz.

Die beiden Landgerichte in Dänemark entschieden im Jahre 1970 über insgesamt 2513 Berufungen, die 2702 Angeklagte betrafen. Bei 696 Angeklagten wurde das erstinstanzliche Urteil verschärft, bei 622 Angeklagten wurde es gemildert, im übrigen bestätigt. – Die Landgerichte hatten im gleichen Zeitraum 1669 Beschwerden zu bearbeiten, wobei es vorwiegend um die Frage der Untersuchungshaft ging. 191 Beschwerden wurde stattgegeben, in den übrigen 1478 Fällen wurde die Beschwerde verworfen.

Das Höchste Gericht entschied im Jahre 1970 über 56 Berufungsstrafsachen, die 58 Angeklagte betrafen. Dabei wurde bei 12 Angeklagten das Urteil verschärft, bei 28 An-

14 Bestimmte Delikte scheiden nach der dänischen Rechtsprechung für bedingte Urteile ohne Rücksicht auf die Höhe der Strafe sowie darauf, ob es sich um einen Ersttäter oder um einen Wiederholungstäter handelt, aus.

geklagten gemildert und bei 17 Angeklagten bestätigt. In einem Falle kam es wahrscheinlich – aus der Statistik geht das nicht genau hervor – zu einer Zurückweisung, die nach dänischem Recht möglich ist, jedoch nur äußerst selten geschieht. Von den 56 Berufungssachen handelte es sich in 14 Fällen um Schwurgerichtssachen (erstinstanzliche Sachen des Landgerichts), mithin war in den übrigen 42 Fällen das Höchste Gericht mit Zulassung des Justizministeriums als dritte Instanz angerufen worden.

Das Höchste Gericht entschied im Jahre 1970 lediglich über drei Beschwerden, wovon keine Erfolg hatte.

Der dem Grundsatz nach bestehende Zwei-Instanzen-Zug bewirkt, daß das Höchste Gericht nur mit wenigen Strafsachen pro Jahr befaßt wird.

Die Zahl der Berufungen ist als sehr gering zu bezeichnen; denn immerhin wurden bei einer Einwohnerzahl von etwa fünf Millionen im Jahre 1970 von den Untergerichten 32 787 Polizeisachen (vorwiegend Verkehrsübertretungen) und 17 555 Staatsanwaltssachen, davon etwa 10 100 Sachen im Geständnisverfahren, durch Urteil entschieden. Daß von der Anfechtungsmöglichkeit so wenig Gebrauch gemacht wird, hängt nicht zuletzt mit dem Ansehen des Richters, speziell auch des Richters der unteren Instanz, zusammen.

C. Haftrecht

1. Überblick

Nach den Bestimmungen des Rechtspflegegesetzes ist zu unterscheiden zwischen der Festnahme (anholdelse) und der Verhaftung (fängsling). Grundsätzlich gehört bereits zur Festnahme ein Gerichtsbeschluß. Das Gericht kann die Festnahme eines auf freiem Fuß befindlichen Beschuldigten beschließen, wenn dieser trotz ordnungsmäßiger Ladung zu einem Anhörungstermin nicht erschienen ist. Aber auch ohne vorausgegangene Ladung kann das Gericht die Festnahme eines Beschuldigten anordnen, wenn es sich um eine umherziehende, mittellose Person, um einen Fremden oder Unbekannten handelt, ganz gleich, welcher strafbaren Handlung der Betreffende bezichtigt wird. Bei anderen Personen ist hingegen eine Festnahmeanordnung nur möglich, wenn der Beschuldigte einer Tat verdächtig ist, die von dem Staatsanwalt zu verfolgen ist (Staatsanwaltssache – im Gegensatz zu einer Polizeisache), ausnahmsweise auch bei den in § 769 Abs. 2 RechtspflG aufgeführten Übertretungen, bei denen es sich um Polizeisachen handelt, *und* »wenn es notwendig erscheint sicherzustellen, daß der Beschuldigte vorläufig zur Verfügung steht, oder zu verhindern, daß er mit anderen Personen zusammenkommt«. In der Praxis geschieht die Festnahme eines Beschuldigten durch die Polizei wegen Eilbedürftigkeit meistens ohne Gerichtsbeschluß. Privatpersonen haben das Recht zur Festnahme, wenn sie jemanden bei der Ausführung eines Verbrechens oder auf frischer Tat antreffen. Innerhalb von 24 Stunden nach der Festnahme ist der Beschuldigte dem Richter vorzuführen. Dafür ist nicht so sehr, wie bei uns, der Ausdruck »Vorführung« (fremstilling) geläufig, sondern es geht nach dänischem Recht um das »Verfassungsverhör« (Grundlovsforhör). Dieses Verhör kann mit der Verhaftung enden. Die Verhaftung setzt in der Regel die Anhörung voraus. Der Richter wird also in all den Fällen, in denen ein Beschuldigter flüchtig ist oder sich verborgen hält, meistens zunächst eine »Festnahmeanordnung« erlassen und sich erst nach der Anhörung über die Frage der Inhaftierung (fängsling) schlüssig werden. Er kann aber ausnahmsweise unter bestimmten Voraussetzungen auch ohne vorherige Anhörung sogleich eine Haftanordnung erlassen. Dann ist der Beschuldigte ebenfalls spätestens 24 Stunden nach seiner Festnahme vor einen Richter zu führen (§§ 779, 783 RechtspflG). Ist die Festnahme wegen einer Handlung erfolgt, für die eine Untersuchungshaft ausgeschlossen ist – so bei einem Verstoß, der nur mit einer Geldstrafe oder mit Haft zu ahnden ist (§ 71 Abs. 5 Grundgesetz) –, wird der Festgenommene nach Beendigung des Gerichtstermins wieder freigelassen. Ist eine Untersuchungshaft jedoch zulässig und ist der Richter der Auffassung, daß der Beschuldigte nicht sofort freigelassen werden kann, bestehen zwei Möglichkeiten: entweder beschließt der Richter die Verhaftung, oder er ordnet an, daß der Beschuldigte vorerst unter Festnahme verbleibt, wodurch zur beschleunigten Durchführung weiterer Ermittlungen eine weitere Frist von dreimal 24 Stunden gewonnen wird. Innerhalb dieser Frist ist dann darüber zu befinden, ob der Beschuldigte in Untersuchungshaft zu nehmen ist oder freigelassen wird.

Die Untersuchungshaft darf nur angeordnet werden, wenn ein dringender Grund (Gegensatz zu einem »losen Verdacht«) dafür vorliegt, daß sich der Beschuldigte eines Verbrechens schuldig gemacht hat, für das nach dem gegebenen Sachverhalt eine schwerere Strafe als Geld- oder Haftstrafe vorgesehen ist, und wenn darüber hinaus

1. der Verdächtige eine Person ist, die ohne Mittel umherstreift, keine Wohnung oder dauernden Aufenthaltsort im »Reich« hat, wenn sie unbekannt ist und ihre Personalien nicht festgestellt werden können;
2. die Beschuldigung ein Verbrechen betrifft, dessen Verfolgung dem Staatsanwalt obliegt, oder die Tat zu den in § 769 Nr. 2 RechtspflG aufgeführten Verstößen, deren Verfolgung dem Polizeimeister obliegt, gehört, oder eine Untersuchungshaft in Spezialgesetzen (z. B. im Zollgesetz) ohne Rücksicht darauf, ob es sich um eine »Polizeisache« handelt oder nicht, ausdrücklich für zulässig erklärt ist, *und* entweder

a) Fluchtgefahr besteht oder
b) Wiederholungsgefahr besteht (so formuliert: »besonderer Grund für die Befürchtung besteht, daß der Beschuldigte, wenn er auf freien Fuß gesetzt wird, seine verbrecherische Tätigkeit wiederholen oder fortsetzen wird«) oder
c) Verdunklungsgefahr besteht oder
d) »ein Sachverhalt vorliegt, der in wesentlichem Umfang die Beschuldigung bekräftigt, und die Schwere des Verbrechens sowie Art und Umfang der strafrechtlichen Maßnahmen, die zur Anwendung kommen können, es erfordern, daß der Beschuldigte zur Wahrung der Rechtsordnung nicht auf freiem Fuß sein darf«.

Man sieht, wie weit gefaßt die Haftgründe sind. Der Haftgrund unter 2. d, der im Jahre 1935 eingeführt worden ist, hat allerdings in letzter Zeit Anlaß zur Kritik gegeben.

Ergeht die Haftanordnung zu einem Zeitpunkt, in dem die Ermittlungen noch nicht abgeschlossen sind, setzt das Gericht im Zusammenhang mit der Verhaftung eine Zeit fest, innerhalb deren entweder eine Voruntersuchung beantragt oder Anklage erhoben werden muß. Die Frist kann aber später auf Antrag der Strafverfolgungsbehörde verlängert werden.

Die Durchführung der Untersuchungshaft überwacht in der Regel der Polizeimeister. Ihm obliegt auch in erster Linie die Briefkontrolle. Nur in Zweifelsfällen wird ein Brief dem Richter vorgelegt.

Zur Kontrolle der Verhältnisse in den Untersuchungsgefängnissen wählen die Bürgervertretung von Kopenhagen und die Kreisausschüsse in den übrigen Gebieten des Landes für jeweils vier Jahre je zwei Mitglieder aus ihrer Mitte. Diese haben das Recht, die Untersuchungsgefangenen innerhalb ihres Kreises zu besuchen, um sich davon zu überzeugen, ob die Bestimmungen über die Behandlung der Häftlinge eingehalten werden. Beanstandungen haben sie beim Justizminister vorzubringen, der darauf eine Untersuchung einleitet. Mitteilungen an andere Personen oder Behörden über das Ergebnis der Besuche in den Gefängnissen sind verboten.

Das dänische Haftrecht sieht auch eine Freistellung (Verschonung) von der Untersuchungshaft gegen Kaution vor. Davon wird jedoch in Dänemark so gut wie kein Gebrauch gemacht.

2. Verfassungsverhör (Vorführungen) im »Politigaarden« von Kopenhagen

Dem Begriff »Grundlovsforhör« (Verfassungsverhör) liegt zugrunde, daß in der dänischen Verfassung bestimmt ist[15], daß jeder, der festgenommen wird, binnen 24 Stunden vor einen Richter zu führen ist, der darüber entscheidet, ob der Festgenommene vorerst weiterhin unter Festnahme verbleibt, ob er in Untersuchungshaft kommt oder freigelassen wird. Diese Verhöre entsprechen also dem, was wir unter »Vorführungen« verstehen. Dabei stimmen Sinn und Zweck der Maßnahme im deutschen und dänischen Recht überein, nicht jedoch die Art der Durchführung. Der Verfasser hatte Gelegenheit, einem solchen »Grundlovsforhör« in Kopenhagen im Frühjahr 1972 beizuwohnen.

Vorweg sei hervorgehoben, daß in allen Sachen, in denen nach Festnahme über die Frage der Inhaftierung zu entscheiden ist, dem Beschuldigten ein Verteidiger (Rechtsanwalt) beigeordnet wird, der am Vorführungstermin teilnimmt. Aber auch die Strafverfolgungsbehörde ist vertreten. Zwar nimmt der Staatsanwalt nicht selbst den Termin wahr, sondern in seinem Auftrag erscheint der Polizeimeister, der sich üblicherweise durch einen »Bevollmäch-

15 § 71 Abs. 3 des dänischen Grundgesetzes (Grundlov af 5. Juni 1953).

tigten«, einen Juristen, vertreten läßt. So ist es überall auf dem Lande und in den Städten. Nur in Kopenhagen tritt für die Staatsanwaltschaft bzw. den Polizeidirektor ein erfahrener Kriminalkommissar (Nichtjurist) auf, der aber keineswegs identisch ist mit dem Kriminalbeamten, der den Beschuldigten vorher nach Festnahme vernommen und auch sonstige Ermittlungen geführt hat. Dem Vertreter der Strafverfolgungs- und Anklagebehörde, die im dänischen Strafprozeß als »Partei« angesehen wird, fällt im Vorführungstermin insofern eine wichtige Aufgabe zu, als er die Beschuldigung vorzutragen und als erster den Beschuldigten zu vernehmen hat. Dadurch erfährt der Richter erstmalig, was dem Beschuldigten vorgeworfen wird. Vorher ist ihm der Vorgang nicht bekannt. Die Verhandlung ist öffentlich. Jedoch kann die Öffentlichkeit unter bestimmten Voraussetzungen ausgeschlossen werden (§ 29 Rechtspflegegesetz).

Im Polizeigebäude (Politigaarden) von Kopenhagen befindet sich ein Sitzungsraum von etwa 50 qm. Über der Eingangstür steht das Wort »dommervagten« (= Richterwache – Bereitschaftsrichter). Jeden Vormittag finden hier ab 10 Uhr die Vorführungen statt. Der beim Stadtgericht Kopenhagen für die »dommervagt« eingeteilte Richter – die jüngsten fünf Richter aus den Strafabteilungen des Stadtgerichts[16] wechseln sich in bestimmter Reihenfolge ab – begibt sich in das Polizeigebäude. Zuhörer und Presseberichter haben sich eingefunden. Der Richter sitzt erhöht, ohne Robe[17]. Vor ihm hat an einer Seite der Polizeikommissar, an der anderen Seite ein Rechtsanwalt

16 Diese »jüngsten Richter« sind durchweg 35–40 Jahre alt. Sie haben eine mehr als ausreichende Praxis auf Grund ihrer langjährigen Tätigkeit als »Bevollmächtigte« hinter sich.

17 Roben werden bei den Untergerichten nicht mehr getragen. Anders ist es bei den Landgerichten und beim Höchsten Gericht.

Platz genommen. Auf der zu Beginn des Jahres vom Justizministerium aufgestellten Pflichtverteidigerliste, die etwa 90–100 Anwälte umfaßt, ist dieser für den heutigen Tag für die Vorführungstermine eingeteilt. Er ist mithin Pflichtverteidiger für alle die Beschuldigten, die heute erstmalig vorgeführt werden und die noch keinen Verteidiger haben. Kurz vor Beginn der Verhandlung sind ihm mehrere Vorgänge – in erster Linie Durchschriften von Anzeigen und Vernehmungen, die für ihn bestimmt sind – ausgehändigt worden. Es handelt sich um die Fälle, die heute anstehen und in denen er Pflichtverteidiger ist. Sie sind ihm bis dahin unbekannt, und er hat in der Regel auch vorher mit den Festgenommenen nicht gesprochen. Der Polizeikommissar hat zu jedem Fall ebenfalls Vernehmungsdurchschriften auf den Richtertisch gelegt. Sie sind dem Richter bis dahin unbekannt. Er liest sich die Protokolle auch nicht durch, sondern eröffnet sogleich die Verhandlung.

Der erste Festgenommene, der vorgeführt wird, ist auf Grund einer Anzeige vom Vortage am vorausgegangenen Abend festgenommen worden. Er wird beschuldigt, eine 63jährige Frau in ihrer Wohnung vergewaltigt zu haben. Der Richter stellt seine Personalien und den Zeitpunkt der Festnahme fest und fragt ihn, ob er bereit ist auszusagen, was der Beschuldigte bejaht. Darauf gibt der Richter das Verhör frei, und der Polizeikommissar beginnt mit der Vernehmung. Der Richter hört zu und macht sich Notizen. Der Festgenommene behauptet freiwilligen Verkehr. Daraufhin hält ihm der Polizeikommissar die Aussage der Frau vor, verweist auf bestimmte Teile dieser Aussage, was Richter und Verteidiger an Hand der vor ihnen liegenden Vernehmungsdurchschriften mitverfolgen. Es liegt auch bereits ein vorläufiges Gutachten des rechtsmedizinischen Instituts über den körperlichen Befund des Opfers vor. Der Polizeibericht führt auch die Vorstrafen des Beschuldigten auf. Der Richter diktiert nun in wenigen Sätzen die Aussage, und zwar in der dritten Person (etwa so: Der Beschuldigte leugnet ... Er behauptet, er habe ... Die Frau sei ...). In dieser Form sind auch die bisher von der Polizei durchgeführten Vernehmungen niedergelegt. Sie ist in Dänemark allgemein üblich[18]. Der Polizeikommissar beantragt darauf eine Haftanordnung. Der Verteidiger widerspricht. Der Richter ordnet die Untersuchungshaft (fängsling) zunächst für die Dauer von 14 Tagen an. Er nennt die Bestimmungen des Rechtspflegegesetzes, die Grundlage für die Verhaftung bilden. Die Protokollführerin hält die Entscheidung im Gerichtsbuch fest. Es wird nichts vorgelesen, und es wird auch nichts unterschrieben. Es gibt auch keine Diskussion über das, was der Richter diktiert hat. Innerhalb von etwa zehn Minuten ist der Fall abgeschlossen. Der Beschuldigte legt Beschwerde ein und wird darauf abgeführt. Irgendein Aufnahmeersuchen, das wie bei uns vom Richter zu unterzeichnen ist, wird nicht gefertigt. Auf eine während einer kurzen Pause gestellte Frage des Verfassers, ob später noch ein »Haftbefehl« mit Einzelheiten und Gründen diktiert werde, erklärt der Richter, die Sache sei für ihn erledigt. Er werde anschließend im Gerichtsgebäude lediglich noch das Protokoll, das ja bereits fertiggestellt sei, durchsehen und unterschreiben. Ausfertigungen der Haftanordnung würden dann in Form von Auszügen aus dem Gerichtsbuch erteilt. Damit habe er nichts zu tun.

Bei der nächsten Person, die vorgeführt wird, handelt es sich um einen 35jährigen Norweger, der im Jahre 1968 wegen einer Straftat auf die Dauer von zehn Jahren aus

18 Unsere Protokolle klingen, da sie in direkter Rede abgefaßt werden, zweifellos lebendiger. Aber da sie vielfach die Ausdrucksweise der Vernehmungsperson und nicht des Vernommenen widerspiegeln, fragt es sich, ob die dänische Protokollierungsmethode mit sinngemäßer Wiedergabe nicht ehrlicher ist.

Dänemark ausgewiesen wurde[19]. Er ist am Abend vorher um 22 Uhr festgenommen worden und wird beschuldigt, einen Einbruchsdiebstahl begangen zu haben. Er ist geständig. Wenige Sätze werden in das Gerichtsbuch diktiert. Wiederum ergeht eine Haftanordnung für zwei Wochen. Der Verteidiger spricht darauf kurz mit seinem Mandanten, der keine Einwendungen hat.

Im nächsten Fall wird der Beschuldigte, ein erwachsener Mann, ca. 30 Jahre alt, der Unzucht mit einem 12jährigen Jungen bezichtigt. Er erklärt vorweg, er möchte seinen Verteidiger allein sprechen. Der Richter gibt ihm dazu Gelegenheit. Der Verteidiger geht mit ihm in einen Nebenraum. Das Gespräch dauert etwa fünf Minuten. Der Beschuldigte erklärt dann, er wolle nicht aussagen. Der Verteidiger fügt hinzu, der Beschuldigte sage wegen der anwesenden Zuhörer nicht aus. Der Richter erwidert, er sehe keinen Grund, die Öffentlichkeit auszuschließen. Der Polizeikommissar trägt den Fall und den Inhalt von Zeugenaussagen vor. Auch hierbei haben Richter und Verteidiger Durchschriften der vorhandenen Vernehmungsprotokolle vor sich. Es ergeht Haftanordnung für zwei Wochen[20].

19 Da innerhalb Skandinaviens (Dänemark, Schweden und Norwegen) keine Grenzkontrollen unter Vorlage von Paß oder Ausweis durchgeführt werden, ist es für einen Ausgewiesenen nicht schwierig, wieder ins Land zu kommen. Der Verteidiger erzählte mir gesprächsweise, daß kürzlich ein Schwede ausgewiesen, aber nach wenigen Tagen schon wieder eingereist sei und sogar Sozialfürsorgeunterstützung bezogen habe.

20 Der Richter erklärte mir nachträglich, daß die befristeten Haftanordnungen den Sinn hätten, das Verfahren zu forcieren. Innerhalb der zwei Wochen könne entweder ein Voruntersuchungsantrag bei Gericht gestellt oder Anklage erhoben werden. Das sei jedenfalls innerhalb dieser kurzen Frist durchaus möglich. Dann obliege die Kontrolle über die weitere Untersuchungshaft dem Strafrichter. – Notfalls

Dann folgen drei junge Schweden. Jeder wird einzeln hereingeführt und vernommen. Sie sollen gemeinsam am Abend vorher im Hafen einen Mann überfallen und ihm etwa 200 Kronen abgenommen haben. Sie sind geständig. Alle drei werden für die Dauer von zwei Wochen verhaftet. Kein Protest von irgendeiner Seite. Alles geht sehr schnell, ohne daß man das Gefühl hat, es werde nicht gründlich genug verhandelt. Das Protokoll wird recht kurz gefaßt, es werden keine Haftbefehle auf besonderen Formularen ausgestellt, nichts wird vorgelesen, es wird nichts unterschrieben.

Es folgt ein Finne, der 1968 auf die Dauer von fünf Jahren ausgewiesen worden ist, dennoch jetzt aber wieder zurückgekehrt ist. Sein Verhalten ist strafbar. Er wird vom Haftrichter verwarnt und freigelassen, d. h., er wird anschließend sogleich in Auslieferungshaft überführt und soll schleunigst wieder abgeschoben werden.

Schließlich wird ein junger Mann – er lebt in einem sogenannten Kollektiv – vorgeführt, der am Abend vorher in einen Tabakladen eingebrochen haben soll. Er bestreitet den Vorwurf. Wiederum vernimmt ihn der Polizeikommissar unter Vorhalt von Zeugenaussagen. Der Mann bleibt bei seiner Darstellung. Der Polizeikommissar beantragt eine Haftanordnung zunächst für sieben Tage. Der Verteidiger widerspricht. Der Richter entscheidet nach Antrag. Der Beschuldigte protestiert, legt aber keine Beschwerde ein, weil er meint, das habe keinen Sinn[21].

werde die Frist, wenn weitere Ermittlungen erforderlich seien, nach zwei Wochen verlängert.

21 In einem abschließenden Gespräch brachte der Richter zum Ausdruck, daß, wenn er in diesem Falle, der zweifelhaft gewesen sein mag, die Verhaftung nicht angeordnet hätte, sicherlich die Beschwerdeinstanz das getan hätte. Es komme auch sehr selten vor, daß eine Haftanordnung des Untergerichts auf Beschwerde vom Landgericht, das eine strenge Linie verfolge, aufgehoben werde.

Zwischendurch werden noch drei andere Fälle erledigt. Zwei Beschuldigte, die sich bereits in Haft befinden, wollen einen anderen Pflichtverteidiger haben. Dem wird ohne weiteres stattgegeben. Bei dem dritten wird die Untersuchungshaft um weitere sieben Tage verlängert.

Insgesamt sind elf Personen gehört worden, von diesen sind acht nach Festnahme in Haft genommen worden. Dauer der Sitzung: zwei Stunden, von 10–12 Uhr.

Die in Kopenhagen geübte Praxis, nämlich daß sich der Beschuldigte beim Verfassungsverhör einem Angehörigen der Kriminalpolizei, der Nichtjurist ist, gegenübergestellt sieht, hat wiederholt Anlaß zur Kritik gegeben. Dabei wird die Auffassung vertreten, daß bei der so wichtigen Frage der Untersuchungshaft zwar ein Bevollmächtigter des Polizeidirektors, wie es sonst im Lande üblich ist, als Vertreter der Strafverfolgungsbehörde, jedoch kein Angehöriger der Kriminalpolizei mitwirken sollte. Es müsse dazu unbedingt ein Jurist für die Strafverfolgungsbehörde auftreten. Darüber hinaus sind mehr und mehr Stimmen laut geworden, die sich dagegen wenden, daß das Verfassungsverhör in Kopenhagen im Polizeigebäude in einem als Gerichtssaal ausgewiesenen Raum stattfindet und nicht im Stadtgerichtsgebäude selbst. So vertritt der Richter am Höchsten Gericht *Th. Petersen* in einem Aufsatz, abgedruckt in »Tidsskrift for Dansk Politi« (Zeitschrift für die dänische Polizei) Nr. 10/1972, S. 212, die Auffassung, daß diese Praxis, von der man anscheinend aus Zweckmäßigkeitsgründen nicht gern abgehen will, mit rechtsstaatlichen Grundsätzen nicht vereinbar sei, wobei er die Sache in erster Linie vom Standpunkt des Beschuldigten behandelt. Er schreibt u. a.: »In einem Rechtsstaat wie Dänemark ist die richterliche Gewalt (domsmagten) eine zum Schutz des Volkes unabhängige Institution, und alles, was diese Unabhängigkeit unterstreichen kann, darunter auch die äußeren Formen und Bedingungen, sollte unterstützt werden«, womit er die Bestrebungen, das Verfassungsverhör in jedem Falle im Gerichtsgebäude durchzuführen, im Auge hat.

Interessant sind in diesem Zusammenhang auch Ausführungen des Chefs der Kopenhagener Ermittlungspolizei *A. Haslund* in derselben Zeitschrift (Nr. 10/1972, S. 216), der dem Vorwurf entgegentritt, es werde zuviel verhaftet. Er weist darauf hin, daß die Polizei, bevor es zu einer Vorführung komme, eine sorgfältige Auswahl treffe. Aus einer Übersicht für das Jahr 1971 über das Verfassungsverhör in Kopenhagen, auf die er sich dabei stützt, geht hervor, daß von 9575 vorläufig Festgenommenen 7600 ohne Vorführung (= 79,38%), 112 beim Verfassungsverhör (= 1,17%) durch den Richter freigelassen wurden, daß 186 (1,94%) auf Grund richterlicher Festnahmeanordnung für weitere dreimal 24 Stunden festgenommen blieben und daß 1677 Personen (= 17,51%, ein verhältnismäßig geringer Prozentsatz) in Untersuchungshaft kamen. Die Beschuldigungen hatten vorwiegend Bereicherungsdelikte und Verstöße gegen die Rauschgiftgesetzgebung zum Gegenstand. – Soweit die Untersuchungshaft bis zur Verhandlung längere Zeit dauert, wird darauf hingewiesen, daß es sich dabei durchweg um Fälle handelt, bei denen der Beschuldigte auf seinen Geisteszustand untersucht wird. Die »Mentaluntersuchung«, die einem Gerichtspsychiater obliegt, worauf der Gerichtsärzteausschuß abschließend schriftlich Stellung zu nehmen pflegt, beansprucht häufig nicht unerhebliche Zeit, was zu einer Verzögerung des Verfahrens führt.

Alles das mag veranschaulichen, daß auch in Dänemark, das sicherlich mit vollem Recht zu den altbewährten Demokratien zählt, Probleme im Zusammenhang mit dem Haftrecht und dessen praktische Handhabung mit im Vordergrund der Diskussion stehen.

3. Reformbestrebungen

Auf einem Treffen der im Bezirk des Östlichen Landgerichts tätigen Richter[22], das im Mai 1972 in dem Seebadeort Hornbaek/Seeland stattfand, erstattete der Richter am Landgericht *P. Hansen,* der zugleich einem parlamentarischen Justizausschuß angehört, einen Bericht über die erwogenen Änderungen der Vorschriften über die Untersuchungshaft. Der Ausschuß besteht seit dem Jahre 1968. Er beschäftigt sich mit der Reform der dänischen Strafrechtspflege, wobei auch das geltende Haftrecht geändert werden soll. Die Kritik stützt sich in erster Linie darauf, daß angeblich selbst in weniger bedeutenden Fällen zu schnell verhaftet werde – ein Vorwurf, der auch bei uns vor nicht allzu langer Zeit erhoben wurde –, daß die Untersuchungshaft zu lange dauere und daß keine Außervollzugsetzung des Haftbefehls unter Auflagen wie in der Bundesrepublik und in Holland möglich sei. Die Reformbestrebungen gehen dahin, die Anordnung der Untersuchungshaft nur zuzulassen, wenn das Gesetz für die Straftat, deren der Beschuldigte verdächtig ist, eine Gefängnisstrafe von zwei Jahren und mehr vorsieht, wobei eine solche Strafe innerhalb des angedrohten Strafrahmens liegen muß, eine Bestimmung über die Verhältnismäßigkeit zwischen Bedeutung der Straftat und Untersuchungshaft einzuführen sowie auch die Möglichkeit, den Beschuldigten unter bestimmten Auflagen von der Untersuchungshaft zu verschonen, gesetzlich zu begründen. Ferner soll eine zeitlich begrenzte Inhaftierung mit einer Dauer von sieben Tagen vorgesehen werden, um zwischenzeitlich weitere Ermitt-

22 Richterbevollmächtigte und Gerichtsassessoren nahmen nicht an der Tagung teil. Sie nehmen zwar größtenteils richterliche Aufgaben wahr, werden aber nicht als »Richter« angesehen und bezeichnet. Sie haben ihre eigenen Zusammenkünfte.

lungen führen zu können, so z. B. Mittäter und Zeugen zu vernehmen. Vorbild dafür ist das schwedische Haftrecht, das eine Fünf-Tage-Festnahme vorsieht: Danach braucht erst nach weiteren vier Tagen ein Verhör durch den Richter erfolgen. Insgesamt stehen mithin neun Tage nach der Festnahme zur weiteren Aufklärung der Sache bis zur Entscheidung über die Anordnung der Untersuchungshaft zur Verfügung. In der Praxis pflegt ein Beschuldigter in Schweden nach längstens sechs bis sieben Tagen richterlich vernommen zu werden. – Nach den rechtsvergleichenden Ausführungen des Referenten hat Holland die geringste Zahl an Untersuchungshäftlingen in Europa, bezogen auf die Zahl seiner Einwohner. Obwohl das in der Bundesrepublik geltende Haftrecht Bestimmungen aufweist, die dem Justizausschuß nachahmenswert erscheinen (Verhältnismäßigkeit, Verschonung), wurde die Bundesrepublik dennoch als warnendes Beispiel für ein zu lasches Haftrecht angeführt. In keinem anderen Land, so meinte man, könne ein Täter so leicht an einer Untersuchungshaft vorbeikommen wie in der Bundesrepublik, was durch in der Presse bekanntgegebene gravierende Einzelfälle belegt wurde. Insbesondere hatte man in der dänischen Richterschaft kein Verständnis dafür, daß Wiederholungsgefahr nicht generell als Haftgrund galt[23], wie es im dänischen Haftrecht bestimmt ist (vgl. Ziff. 2 b S. 85).

Gegenüber der Kritik am gegenwärtigen dänischen Haftrecht und dessen Handhabung wurde hervorgehoben, daß in den Jahren 1966–1970 insgesamt ein Betrag von 161 000 Kronen (= ca. 75 000 DM) als Entschädigung für unberechtigte Polizei- und Untersuchungshaft geleistet worden

23 Das Gesetz zur Änderung der StPO vom 7. 8. 1972, BGBl. I S. 1361, durch das insbesondere der § 112 a StPO eingefügt worden ist, war im Zeitpunkt der Tagung noch nicht in Kraft.

sei, mithin pro Jahr etwa 15 000 DM, was als sehr gering angesehen wird.

Gegenstand der Erörterungen war schließlich noch die Begründungspflicht für Haftentscheidungen. Nach der gegenwärtigen Praxis werden die Haftanordnungen nur sehr dürftig und formularmäßig begründet. Zwar schreibt § 782 RechtspflG vor, daß jede Entscheidung über die Vornahme der Untersuchungshaft oder deren Verlängerung außer den Personalien des Beschuldigten den Gegenstand der Beschuldigung und die Gründe anzugeben habe, auf die die Untersuchungshaft gestützt werde. Haft- und auch Beschwerdeentscheidungen gaben durchweg aber bislang lediglich den in Betracht kommenden Straftatbestand und den Haftgrund an, wobei man die Angabe des Paragraphen mit der Unterziffer und dem betreffenden Buchstaben (a, b, c und d, meistens 2 d, eine Art Generalklausel, vgl. S. 85) für ausreichend hielt. Den Bestrebungen, den Begründungszwang anders zu praktizieren oder gesetzlich zu erweitern, liegt die Erwartung zugrunde, daß die Zahl der Verhaftungen dann wohl abnehmen werde[24].

D. *Anklageerhebung und Hauptverhandlung* (Schwurgerichtsverhandlung)

Das dänische Strafprozeßrecht enthält eine Reihe von Bestimmungen, die den Ablauf des Verfahrens in mehrfacher

24 Das Höchste Gericht hat jedoch in einer Grundsatzentscheidung vom 10. 7. 1972 entschieden, daß Haftentscheidungen ausführlicher als bisher begründet werden müßten. Das Höchste Gericht nahm zu dieser Frage Stellung, nachdem zwei Anwälte gegen die formularmäßigen »Blankett-Begründungen« Sturm gelaufen waren und ihnen die weitere Beschwerde (dritte Instanz) vom Justizminister bewilligt worden war.

Hinsicht anders gestalten als bei uns. – Mit der Einreichung der Anklageschrift hat der Staatsanwalt bei Gericht eine Abschrift der im Ermittlungsverfahren erhobenen Beweise (Protokolle, Urkunden) einzureichen. Es handelt sich hierbei um eine Art Aktenextrakt, wie er auch im Zivilverfahren vor dem Landgericht üblich ist[25]. Auch der Verteidiger erhält eine Ausfertigung des Extraktes. Der Staatsanwalt hat zugleich in einem Verzeichnis, das ebenfalls dem Verteidiger zugeht, die Beweise (Beweisthema, Beweismittel) anzugeben, die seiner Auffassung nach in der Hauptverhandlung zu erheben sind. Dem Verteidiger obliegt es nun, innerhalb einer in der Anklageschrift angegebenen Frist, die auf Antrag vom Gerichtsvorsitzenden verlängert werden kann, bei Gericht oder auch beim Staatsanwalt schriftlich die Beweise vorzutragen, die er seinerseits für erforderlich hält, wobei er kurz anzuführen hat, was er damit bezweckt. Darüber, ob die angegebenen Beweise erhoben werden, entsteht normalerweise kein Streit. Das Gericht hält sich zurück und entscheidet darüber in der Regel nur, wenn der Staatsanwalt oder der Verteidiger meint, er müsse sich einem Antrag der Gegenseite widersetzen. Einer »Zulassung« der Anklage bedarf es nicht; vielmehr setzt das Gericht nach Ablauf der für den Verteidiger bestimmten Frist Hauptverhandlungstermin an und teilt ihn dem Staatsanwalt mit, der für alle erforderlichen Ladungen entsprechend einem Zeitplan zu sorgen hat. Allerdings ist das Gericht berechtigt, die Anklage jederzeit vor der Hauptverhandlung abzuweisen, wenn sie an einem wesentlichen Mangel leidet, so wenn dem Staatsanwalt ein Anklagerecht nicht zusteht oder wenn der in der Anklageschrift angeführte Sachverhalt nicht strafbar oder wenn eine Bestrafung wegen Verjährung oder aus einem »anderen ähnlichen Grund« ausgeschlossen ist.

25 Vgl. S. 38.

Durch die Mitwirkungspflicht des Verteidigers vor der Hauptverhandlung, insbesondere was die rechtzeitige Benennung von Zeugen anbetrifft, wird in der Praxis weitgehend eingeschränkt, daß Beweisanträge erst in der Hauptverhandlung gestellt werden, was zu einer Unterbrechung – das dänische Gesetz spricht hier von »Aussetzung« – führen könnte. Die Vorbereitung der Hauptverhandlung seitens der Prozeßbeteiligten hat sich jedenfalls so eingespielt, daß Überraschungsanträge in der Hauptverhandlung die Ausnahme bilden. Sobald die Hauptverhandlung begonnen hat, ist diese, soweit es möglich ist, ununterbrochen fortzusetzen, bis eine Entscheidung getroffen ist (§ 850 RechtspflG). Jedoch ist das Gericht im Falle einer Unterbrechung freier gestellt als bei uns. Eine dem § 229 StPO (Unterbrechungsfrist) entsprechende Vorschrift gibt es nicht.

Die Beweisaufnahme hat sich auf sämtliche präsenten Beweismittel zu erstrecken. Eine Beweiserhebung kann nicht deshalb abgelehnt werden, weil Beweisthema und Beweismittel der Gegenpartei nicht rechtzeitig bekanntgegeben sind. Diese ist jedoch in einem solchen Falle berechtigt, eine Unterbrechung der Hauptverhandlung zu verlangen, nachdem der Beweis geführt worden ist, es sei denn, daß »das Gericht der Auffassung ist, daß es für die Sache ohne Bedeutung ist, oder daß es aus einem anderen Grund meint, daß eine Unterbrechung keinem berechtigten Zweck dient« (§ 880 Abs. 1 RechtspflG).

Eine Unterbrechung zur Beweisführung, für die das Beweismittel nicht präsent ist, wird vom Gericht angeordnet, »wenn es findet, daß die Umstände es zur Aufklärung der Sache wünschenswert machen« (§ 880 Abs. 2 RechtspflG). Danach steht dem dänischen Strafrichter für die Entscheidung über in der Hauptverhandlung gestellte Beweisanträge erheblich mehr Spielraum zu, als das bei uns nach § 244 StPO der Fall ist.

Das Gericht kann auch von Amts wegen eine Beweiserhebung zu bestimmten Punkten anordnen, wenn es eine solche zur Aufklärung der Sache für erforderlich hält (§ 880 Abs. 3 RechtspflG). Hieran zeigt sich, daß die den Strafprozeß in der Praxis beherrschende Parteimaxime nach dem Gesetz nicht unbedingt besteht. Allerdings habe ich aus Gesprächen mit dänischen Richtern den Eindruck gewonnen, daß das Gericht nur selten und ungern von sich aus die Beweisaufnahme ausdehnt. Allenfalls weist es die Beteiligten, wenn diese nicht selbst darauf kommen, darauf hin, daß noch ein bestimmtes Beweismittel vorhanden sei, und es regt an, daß sich Staatsanwalt oder Verteidiger oder beide hierauf berufen. Es gilt trotz § 880 Abs. 3 RechtspflG eben nicht als angebracht, daß das Gericht sich bei der Beweisführung zu sehr exponiert; es überläßt diese nach Möglichkeit den Beteiligten.

Bedeutsam ist auch – genau wie in unserem Strafprozeß – die Frage, ob und wann in der Hauptverhandlung Urkunden, frühere Protokolle und sonstige Erklärungen zu Beweiszwecken verlesen werden dürfen (§ 877 RechtspflG). Hierfür gilt im wesentlichen:

1. Schriftliche Erklärungen von Sachverständigen können verlesen werden. Das Gericht kann jedoch, wenn es das für zweckmäßig hält, anordnen, daß der Sachverständige in der Hauptverhandlung vernommen wird.
2. Richterliche Vernehmungsprotokolle von Zeugen und Sachverständigen können unter bestimmten Umständen verlesen werden.
3. Frühere Erklärungen des Angeklagten zu gerichtlichem Protokoll können verlesen werden, wenn sich der Angeklagte weigert auszusagen oder seine jetzige Einlassung der früheren widerspricht oder wenn er nicht erscheint, sofern in seiner Abwesenheit verhandelt werden darf.
4. Schriftliche Erklärungen und Zeugenaussagen, die in

öffentlicher Funktion abgegeben werden, können verlesen werden.

Es folgt dann aber noch eine Generalklausel, die auch wieder dafür spricht, in welchem Umfang die Entscheidung dem Richter überlassen ist. Außer in den gesetzlich genau bestimmten Fällen können nämlich »Urkunden und Aktenstücke, die Erklärungen oder Zeugnisse enthalten, nur als Beweismittel benutzt werden, wenn das Gericht dazu ausnahmsweise seine Genehmigung erteilt«.

Untersuchungen auf den Geisteszustand des Angeklagten (Mentaluntersuchung) sind mindestens genauso häufig wie bei uns. Sie werden meistens bereits im Vorverfahren von einem Psychiater des gerichtsmedizinischen Instituts durchgeführt, sofern es nicht zu einer vorübergehenden Einweisung in ein Hospital für Geisteskranke und Geistesschwache kommt (§ 800 b Abs. 2 RechtspflG). Dieser legt sein schriftliches Gutachten einem öffentlich bestellten Ärzteausschuß vor, der seinerseits zu dem Fall rein nach Aktenlage Stellung nimmt. Der Ausschuß kann zuvor auf ungeklärte Punkte hinweisen und den Psychiater um Ergänzung seines Gutachtens ersuchen. Zur Hauptverhandlung wird der Sachverständige im allgemeinen nicht geladen. Der Staatsanwalt trägt das schriftliche Gutachten vor, und in den meisten Fällen geben sich die Beteiligten damit zufrieden.

Zur Vorbereitung der Sache gehört schließlich, daß eine Auskunft des Finanzamts über die Einkommens- und Vermögensverhältnisse des Beschuldigten eingeholt wird, die dann in der Hauptverhandlung verlesen wird. Auch kann eine Sozialinstitution zur Erforschung der Lebensverhältnisse des Beschuldigten eingeschaltet werden, insbesondere wenn ein »bedingtes Urteil« (Strafaussetzung zur Bewährung) in Betracht kommt. Der Staatsanwalt trägt den Bericht in der Hauptverhandlung vor.

Es erscheint zweckmäßig, den Gang einer Hauptverhandlung an Hand einer Schwurgerichtsverhandlung kurz darzulegen, weil damit zugleich ein Einblick in das Jury-System, wie es in Dänemark praktiziert wird, gewonnen wird. Dieses gilt allerdings nur für Sachen, die in erster Instanz vor dem Landgericht verhandelt werden (Schwurgerichtssachen). In allen anderen Sachen einschließlich der Berufungssachen entscheiden entweder Berufsrichter allein oder gemeinsam mit Schöffen über Schuld- und Straffrage. Andererseits weist die Schwurgerichtsverhandlung auch alle die typischen Merkmale des Strafprozesses auf, die generell gelten. Aus Fernsehsendungen sind Strafprozesse mit Geschworenen als selbständigem Spruchkörper für die Schuldfrage weitgehend bekannt. Es ist aber dennoch außerordentlich instruktiv, eine solche Verhandlung mitzuerleben, zumal man mit Einzelheiten bekanntgemacht wird, die einem sonst zu leicht entgehen.

Das dänische Schwurgericht besteht aus drei Richtern und zwölf Geschworenen. Die Geschworenen werden nach Anklageerhebung der Geschworenenliste in der Reihenfolge, wie sie dort aufgeführt sind, entnommen. Spätestens zwei Wochen vor der Hauptverhandlung werden die Namen der Geschworenen der Anklagebehörde, dem Angeklagten und dem Verteidiger mitgeteilt. Der Staatsanwalt und der Angeklagte haben jeder das Recht, zwei Geschworene ohne Angabe von Gründen abzulehnen. In politischen Strafsachen kann jeder vier Geschworene zurückweisen. An die Stelle eines abgelehnten Geschworenen tritt der bereits vorher bestimmte Ersatzgeschworene.

In der Hauptverhandlung sitzen die drei Richter für sich hinter dem Richtertisch, während die zwölf Geschworenen gesondert in zwei Reihen, quer zum Richtertisch, Platz nehmen. Die Richter haben den von der Staatsanwaltschaft ausgearbeiteten Extrakt vor sich, jeder der Geschworenen hat eine Abschrift der Anklageschrift sowie, je nach Lage des Falles, eine besondere Mappe mit Lichtbildern und

Skizzen, auf die der Staatsanwalt in seinem Vortrag hinweisen will. Mit der Anfertigung von Unterlagen zur Unterrichtung des Gerichts einschließlich der Geschworenen und des Verteidigers wird nicht gespart. Nach Feststellung der Personalien des Angeklagten verliest der Staatsanwalt die Anklageschrift, worauf der Angeklagte gefragt wird, ob er sich schuldig bekennt. Darauf ermahnt der Vorsitzende die Geschworenen, bis zur Urteilsverkündung mit niemandem als dem Vorsitzenden oder dem Gericht durch Vermittlung des Vorsitzenden über die Sache zu sprechen oder Verbindung aufzunehmen. Die Geschworenen haben auf Ehre und Gewissen zu geloben, der Verhandlung aufmerksam zu folgen, gewissenhaft die Fragen zu beantworten, die ihnen vorgelegt werden, und ihre Stimme gewissenhaft abzugeben, wie sie es nach dem Gesetz und nach der Beweislage für Recht finden. Unmittelbar darauf wählen die Geschworenen ihren Wortführer. Nunmehr legt der Staatsanwalt die Sache vor, indem er ausführlich den Gegenstand der Anklage mit den vorhandenen Beweisen schildert. Er kann Urkunden, Lichtbilder und Skizzen anführen, wobei Richter und Geschworene alles an Hand der vor ihnen befindlichen Mappe verfolgen können. Das erspart das Herumreichen von Akten. Anschließend wird der Angeklagte vernommen, sofern er bereit ist auszusagen. Die Vernehmung geschieht in der Weise, daß der Staatsanwalt ihn näher über die Sache befragt. Danach kann der Verteidiger Fragen an ihn richten. Wechselseitig können dann weitere Fragen gestellt werden. Auch steht jedem der Richter und Geschworenen ein Fragerecht zu. Jedoch hält sich das Gericht durchweg sehr zurück. Der Vorsitzende greift gelegentlich ein und stellt vereinzelt auch Fragen zur Sache. In dieser Form geht auch die Beweisaufnahme vor sich. Der Vorsitzende stellt die Personalien des Zeugen fest, ermahnt ihn zur Wahrheit und gibt das Verhör frei. Staatsanwalt und

Verteidiger vernehmen abwechselnd, während sich das Gericht durchweg nur auf wenige ergänzende Fragen beschränkt. Die Richter machen sich fortlaufend Notizen. Der Eid ist vor einigen Jahren in Dänemark in Gerichtssachen abgeschafft worden.

Die nunmehr seit mehr als fünf Jahrzehnten in Dänemark bestehende Vernehmungsmethode des Kreuz- oder Wechselverhörs hat sich nach Auffassung von Richtern und Anwälten bewährt. Anfängliche Bedenken, insbesondere aus Richterkreisen, haben sich als unbegründet erwiesen. Die Beteiligten, denen das Verhörsrecht zusteht, sind für die ihnen zustehende Rolle geschult. Die Vernehmung wird im allgemeinen diszipliniert durchgeführt[26, 27].

26 Auch bei uns kann ein »Kreuzverhör« nach § 239 StPO stattfinden. Diese Vorschrift spielt in der Praxis aber keine Rolle.

27 Vgl. *Dix*, Das Wechselverhör nach dem Recht der skandinavischen Länder – in Recht in Ost und West, 1957, S. 177 bis 182; *Dix* meint, das Gericht stehe über den Prozeßbeteiligten. Der Vorsitzende sei frei von einer »effektiven Prozeßleitung«. Der Richter sei unbefangener und unbelastet durch vorangegangenes Aktenstudium. Er sei dem inquirierenden Richter, der den Anschein der Unparteilichkeit gefährde, vorzuziehen.
Hartung führt in seiner Abhandlung »Einführung englisch-amerikanischen Strafverfahrensrechtes in Deutschland?«, NJW 1952, S. 201, eine Reihe von Gründen an, nach denen unsere Prozeßführungsmethode, die er als das »kontinentale Verfahren« bezeichnet, hier den Vorzug verdiene. Er verweist dabei auch auf die unterschiedliche Rechtsorganisation, insbesondere auf die unterschiedliche Stellung zwischen dem Ankläger und Verteidiger (barrister) in England und dem Staatsanwalt und Verteidiger bei uns.
William W. Boulton weist in seinem Aufsatz »Die Bar of England and Wales«, im Journal der Intern. Juristenkommission Bd. I 1957/58, S. 115, für den englischen Strafprozeß darauf hin, daß jeder Zeuge durch drei Phasen gehe:
Hauptbefragung

Nach der Beweisaufnahme erhalten der Staatsanwalt und der Verteidiger Gelegenheit, zur Beweisaufnahme und zu Rechtsfragen, beschränkt auf die Punkte, die den Geschworenen zur Entscheidung vorgelegt werden, zu plädieren. Auf Antrag erhält auch der Angeklagte das Wort. Der Staatsanwalt legt darauf den Richtern einen Entwurf der Fragen vor, die die Geschworenen beantworten sollen. Dazu können der Angeklagte und sein Verteidiger Stellung nehmen. Das Gericht berät nun ohne Geschworene, aber in der Regel unter Hinzuziehung von Staatsanwalt und Verteidiger, der Änderungen und Ergänzungen vorschlagen kann, über die endgültige Formulierung der Fragen. Die Fragen müssen auf den gesetzlichen Tatbestand und den Sachverhalt abgestellt sein.

Beispiel (Tuborg-Fall): Ist der Angeklagte eines Raubes von besonders gefährlicher Art nach § 288 Abs. 2 schuldig, indem er am 23. August 1968 gegen 15 Uhr ... (ausführliche Sachverhaltsschilderung in Frageform) ...?

(Die Antwort soll entweder »Ja mit mehr als sieben Stimmen« oder »Nein« lauten.)

(Vgl. S. 65.)

Die Fragen umfaßten im Tuborg-Fall einschließlich von Zusatzfragen, die nur galten, wenn bestimmte Hauptfragen bejahend beantwortet worden waren (subsidiäre Fragen), bei neun Anklagefällen 30 Seiten. Nach Wiedereintritt in

(examination-in-chief) – Anwalt der Partei
Kreuzverhör
(cross-examination) – Gegenpartei
erneute Befragung
(re-examination) – Anwalt der Partei

Der Richter könne zwar in jeder Lage Fragen stellen, er dürfe das aber nicht zu häufig tun. Sonst werde von ihm gesagt: »Er ist in die Arena hinabgestiegen und wurde geblendet von dem Staub, den der Streit aufwirbelt.« Eine unangebrachte Einmischung könne ein Rechtsmittelgrund sein. – Ganz so streng ist es in Dänemark nicht.

die Verhandlung erhält jeder Geschworene ein Exemplar des Schriftstücks »Fragen an die Geschworenen«. Der Vorsitzende gibt nun in einem recht ausführlichen Referat, bei dem er auch auf die Beweisaufnahme eingeht, Erklärungen hierzu ab. Er weist auf etwaige tatsächliche und rechtliche Schwierigkeiten hin und bringt dabei auch in vorsichtiger Weise seine eigene Auffassung zum Ausdruck. Jede Frage wird verlesen. Er schließt seine »Rechtsbelehrung«, die unter Umständen eine Stunde und länger dauern kann, mit der Bemerkung, daß die Geschworenen nunmehr unter Leitung ihres Wortführers beraten mögen und daß sie, falls ihnen während der Beratung irgend etwas nicht klar sei, nach ihm rufen könnten. Um auf »schuldig« zu erkennen, ist Zweidrittelmehrheit (Ja mit mehr als sieben Stimmen, d. h. mindestens acht Stimmen) erforderlich. Nachdem die Geschworenen beraten haben, wird die Verhandlung fortgesetzt. Der Wortführer verliest jede Frage mit der Antwort der Geschworenen. Wenn die Geschworenen die Schuld des Angeklagten verneinen, verkündet das Gericht anschließend sofort ein freisprechendes Urteil. Wird der Angeklagte für schuldig befunden, verständigt sich der Vorsitzende in der Verhandlung kurz mit den beisitzenden Richtern, falls er keine längere Beratung für erforderlich hält. In der Regel folgt nun seine Erklärung: »Die Richter nehmen den Schuldspruch der Geschworenen an.« Das ist erforderlich, weil das Gericht – d. h. die drei Berufsrichter –, wenn es mit Stimmenmehrheit der Auffassung ist, daß das Ergebnis der Beweisaufnahme keine ausreichende Grundlage für die Feststellung der Schuld des Angeklagten biete, den Schuldspruch der Geschworenen ablehnen und eine neue Hauptverhandlung vor dem Schwurgericht, das dann aber in völlig anderer Besetzung tagt, anberaumen kann (§§ 904, 905 RechtspflG). Fällt diese Hauptverhandlung ebenfalls so aus, daß die Geschworenen den Angeklagten für schuldig ansehen, während die Berufsrichter die Beweise nicht für ausreichend halten, wird ein freisprechendes Urteil verkündet. – Es soll beim Östlichen Landgericht in den vergangenen 20 Jahren nur zweimal vorgekommen sein, daß ein Schuldspruch der Geschworenen nicht angenommen wurde.

Ist der Angeklagte für schuldig befunden worden und haben die Richter den Spruch angenommen, folgt die Verhandlung zum Strafmaß. Staatsanwalt und Verteidiger plädieren, der Angeklagte erhält abermals das letzte Wort. Über den Strafausspruch beraten Richter und Geschworene gemeinsam. Dabei hat jeder Richter vier Stimmen, so daß stimmenmäßig Parität zwischen Richtern (dreimal vier Stimmen = zwölf) und den zwölf Geschworenen (je eine Stimme = insgesamt zwölf Stimmen) besteht. Es gilt für das Strafmaß einfache Stimmenmehrheit, bei Stimmengleichheit ist das für den Angeklagten günstigere Ergebnis angenommen.

Der Vorsitzende verkündet anschließend das Urteil, ohne es mündlich zu begründen. Die dem Verteidiger zustehende Gebühr wird in der Kostenentscheidung vom Gericht festgesetzt.

Für Schwurgerichtsverhandlungen gilt anders als bei sonstigen Strafsachen insofern noch die Besonderheit, daß die Verhandlung auch dann fortgesetzt werden kann, wenn nach Beginn der Hauptverhandlung ein Richter und/oder ein Geschworener aus irgendwelchen Gründen ausfällt. Es dürfen jedoch höchstens ein Richter und ein Geschworener fehlen, so daß notfalls auch elf Geschworene und zwei Richter entscheiden.

Diese Ausführungen, die durch zahlreiche Einzelheiten ergänzt werden könnten, dürften sicherlich erkennen lassen, mit welchem Zeitaufwand eine dänische Schwurgerichtsverhandlung selbst in weniger bedeutenden Sachen verbunden ist, wobei das Schwergewicht der Arbeit insbesondere im vorbereitenden Verfahren bei dem Staatsanwalt liegt.

E. Verfahren bei Verkehrsübertretungen

1. Die Verhandlung vor der »Polizeiabteilung« des Untergerichts

Verkehrsübertretungen fallen unter »Polizeisachen« (Strafsachen) und werden vor der Polizeiabteilung des Untergerichts verhandelt, nachdem der Polizeimeister Anklage erhoben hat. Sofern für die Übertretung keine höhere Strafe als 600 Kronen für angemessen erachtet wird, kann der Polizeimeister zunächst, anstatt Anklage zu erheben, zu erkennen geben, daß die Sache ohne Einschaltung des Gerichts erledigt werden kann, indem er dem Beschuldigten einen Strafvorschlag schickt. Darin ist der Sachverhalt mit den Strafbestimmungen – etwa wie in einem Strafbefehl oder Bußgeldbescheid – kurz angeführt und die dafür vorgeschlagene Geldstrafe mit Ersatzfreiheitsstrafe eingesetzt. Wird der Vorschlag angenommen und die Strafe bezahlt, wobei auch die Polizei Zahlungsfristen bewilligen kann, entfällt die weitere Verfolgung. Ist der Beschuldigte hingegen mit dem Vorschlag des Polizeimeisters nicht einverstanden, was auch angenommen wird, wenn er schweigt, erhebt der Polizeimeister Anklage beim Untergericht. Die Anklageschrift ist kurz gehalten, sie ist praktisch eine Durchschrift des Strafvorschlagsformulars mit etwas abgewandeltem Text. Der Richter der Polizeiabteilung beraumt nun Termin an, zu dem jedoch noch keine Zeugen oder Sachverständige geladen werden[28]. Vielmehr ist dieser erste Termin als eine Art Vorbereitungstermin an-

28 So wird es jedenfalls in Kopenhagen und Umgebung gehandhabt. Viele Gerichte in der Provinz pflegen, wie zu einer Hauptverhandlung üblich, auch Zeugen und Sachverständige sogleich zu laden, was sich in den meisten Fällen als überflüssig erweist; denn zahlreiche Fälle erledigen sich ohne Beweisaufnahme und formelle Urteilsverhandlung (siehe oben).

zusehen, auf dem sich aber der größte Teil der Sachen erledigt. Für den Polizeimeister erscheint ein in Gerichtssachen erfahrener Polizeibeamter, vielfach ein Jurist, was aber in Verkehrssachen nicht unbedingt für erforderlich gehalten wird. Es stehen in der zuständigen Polizeiabteilung des Stadtgerichts Kopenhagen pro Viertelstunde acht bis zehn Sachen an, insgesamt für die ersten zwei Stunden des Verhandlungstages 70–80 Sachen. Der Richter rechnet damit, daß ein großer Teil der geladenen Angeklagten nicht erscheint. Würde diese Annahme nicht zutreffen, wäre der Terminsplan nicht einzuhalten. Erscheint der Angeklagte ohne ausreichende Entschuldigung nicht und tritt auch kein Vertreter für ihn auf, erläßt der Richter ohne Beweisführung ein »Versäumnisurteil«. Das ist jedoch nur zulässig, wenn lediglich eine Geldstrafe in Betracht kommt. Diese richtet sich für das »Versäumnisurteil« in der Regel nach dem vorangegangenen Strafvorschlag des Polizeimeisters. Ist der Angeklagte erschienen, tritt er bei Aufruf vor den Richtertisch. Der Richter erörtert mit ihm die Sache und kann ihm, sofern er keinen Anlaß findet, die Schuld des Angeklagten anzuzweifeln, vorschlagen, eine Geldstrafe in bestimmter Höhe anzunehmen. Die Höhe entspricht dem für die betreffende Verkehrsübertretung üblichen Satz, von dem der Richter auch nicht abweicht, wenn der Angeklagte zu handeln versucht. Hier einige Beispiele 1972/73:

Geschwindigkeitsüberschreitungen	Geldstrafe in Kronen
gefahren 67 km/h statt zugelassener 40 km/h	400
gefahren 76 km/h statt zugelassener 60 km/h	200
gefahren 86 km/h statt zugelassener 60 km/h	400
Parken in Verbotszone	80
Parken 35 cm vor einem Zebrastreifen, dadurch Übersicht verringert	200
Fahren über eine Kreuzung bei roter Ampel	250
dto. bei Gefahrenlage	400

Mißachtung eines Stoppzeichens	150
Fahrer hat Führerschein nicht bei sich	50

Werden dem Angeklagten mehrere Verkehrsverstöße in Tatmehrheit zur Last gelegt, pflegt der Richter nach »festen Taxen« für jeden Fall eine Geldstrafe anzusetzen und aus der Summe eine Einheitsgeldstrafe zu bilden. Ist der Angeklagte mit dem Vorschlag des Richters einverstanden, wird die Annahme im Gerichtsbuch protokolliert. Es ergeht in diesen Fällen also kein Urteil. Die Beitreibung im Falle der Nichtzahlung auf Grund der Annahmeerklärung des Angeklagten und die nachträgliche Bewilligung von Raten liegen anschließend in den Händen der Polizei. Für den Richter ist die Sache mit der Verhandlung abgeschlossen. Die Erledigung des Verfahrens durch Annahme eines Strafvorschlags (Unterwerfung) ist allerdings nur möglich, wenn der im Termin erschienene Vertreter des Polizeimeisters diesem Verfahren zustimmt. Das ist die Regel. Die Zustimmung wird gelegentlich verweigert, wenn der Polizeimeister eine grundsätzliche Frage durch gerichtliche Entscheidung geklärt haben möchte. Der Richter hat auch die Möglichkeit, lediglich eine Verwarnung auszusprechen, falls der Angeklagte damit einverstanden ist; auch das wird zu Protokoll des Gerichtsbuchs genommen, und es ergeht kein Urteil. Der Angeklagte ist meistens den Hinweisen des Richters zugänglich und akzeptiert dessen Vorschlag. Von den an einem Vormittag angesetzten Sachen bleiben nach Abzug der »Versäumnisurteile«, Annahmeerklärungen und Verwarnungen, wobei die Annahmeerklärungen den Hauptteil bilden, etwa 15% zurück, in denen nach Erörterung mit den Beteiligten ein »Hauptverhandlungstermin« anberaumt wird. Die Anzahl dieser zurückgebliebenen Sachen ist in den einzelnen Abteilungen unterschiedlich und hängt naturgemäß von Geschick und Verhandlungsführung des Richters ab. Zu dem Termin werden dann Zeugen geladen. Sachverständige sind nur höchst selten erforderlich[29]. Die Beweisaufnahme geht recht unformell direkt am Richtertisch vor sich. Abweichend vom Grundsatz des Wechsel- oder Kreuzverhörs durch Staatsanwalt und Verteidiger vernimmt der Richter der Polizeiabteilung den Angeklagten und die Zeugen selbst. Da der Angeklagte in der Regel ohne Verteidiger erscheint und auch der Staatsanwalt selbst nicht auftritt, hat man es hier aus praktischen Gründen bei der alten, nach dänischer Auffassung überholten Vernehmungsmethode belassen. Auch der Vertreter des Polizeimeisters pflegt sich zurückzuhalten. Noch nach der Beweisaufnahme kann der Angeklagte einen Strafvorschlag des Richters annehmen, wodurch die Sache nach Protokollierung im Gerichtsbuch abgeschlossen wird. Die Urteilsverkündung wird in den restlichen »streitigen« Sachen in der Regel auf eine Woche ausgesetzt. Das Urteil wird dann stets mit Gründen (Prämissen) verkündet, die dem Urteilsspruch vorangehen. Von den etwa 4000–5000 Polizeisachen, die eine Polizeiabteilung, besetzt mit einem Richter, im Jahr zu erledigen hat, kommt es in etwa 400 Fällen zum Urteil. Im Sommer ist die Abteilung etwa einen Monat geschlossen (Ferien). Termine finden dann nicht statt. Vor den Ferien begonnene Sachen werden nach den Ferien fortgesetzt. Eine zum Teil bereits durchgeführte Beweisaufnahme wird nicht wiederholt[30].

2. *Regelung der Schadensersatzpflicht*

Bei den Verkehrspolizeisachen ist besonders hervorzuhe-

29 Behördliche Gutachten und schriftliche Zeugenerklärungen von öffentlichen Bediensteten, soweit sie sich auf Vorgänge beziehen, die mit ihrem Amt zusammenhängen, können verlesen werden (§ 877 Abs. 2 Ziff. 5 RPflG).

30 Der Unterschied zwischen Unterbrechung und Aussetzung ist unbekannt. Eine Zehn-Tage-Frist (§ 229 StPO) gibt es nicht. Das Verfahren soll möglichst zügig durchgeführt werden.

ben, daß im Rahmen des Strafverfahrens sogleich über die Frage des Schadensersatzes mit entschieden wird. Dem Geschädigten *muß* nach § 67 des Verkehrsgesetzes Gelegenheit gegeben werden, seine Ersatzansprüche geltend zu machen. Kommt es darüber nicht zu einem Vergleich, muß der Richter (Strafrichter) über die Erstattungsansprüche entscheiden, selbst wenn der Angeklagte nicht bestraft wird. Der Verletzte, die Haftpflichtversicherungsgesellschaften, unter Umständen auch die Krankenkasse des Verletzten, sind deshalb zu jedem Termin als »interessierte Beteiligte« zu laden. Wird die Ersatzpflicht anerkannt, wird die Erklärung zu Protokoll genommen, und es erübrigt sich dann insoweit ein Urteil. Einigen sich die Beteiligten nicht, hat der Richter durch Urteil zu entscheiden, was auch noch nach dem eigentlichen Strafurteil geschehen kann. Stehen der Höhe nach die Erstattungsansprüche noch nicht fest, ergeht eine Entscheidung über den Grund des Anspruchs, wobei die Höhe des Anspruchs zunächst der außergerichtlichen Verhandlung der Beteiligten überlassen wird. Führen diese Verhandlungen zu keinem Ergebnis, kann der Richter erneut angerufen werden, und er hat dann nachträglich auch noch über die Höhe des Anspruchs zu befinden. Der Richter kann sich dem Adhäsionsverfahren nicht entziehen. Er ist dabei auch nicht an die für Zivilverfahren geltende Streitwertabgrenzung zwischen Unter- und Landgericht von 10 000 Kronen gebunden, sondern seine Entscheidungsbefugnis ist hier der Höhe nach unbegrenzt. – Nur in Ausnahmefällen, in denen der Ersatzanspruch auf einem materiellen Schaden beruht und »komplizierter Art« ist, kann das Gericht nach vergeblichem Vergleichsversuch die weitere Behandlung im Rahmen der Strafsache verweigern, wovon jedoch kaum Gebrauch gemacht wird. – Auf diese Weise werden zahlreiche Ersatzansprüche kurzerhand vom Strafrichter mitentschieden und die entsprechenden anschließenden Zivilprozesse erspart. Daß dadurch der Strafrichter besonders belastet ist, wird man kaum feststellen können. Der Richter ist mit diesem Verfahren völlig vertraut. Allgemein wird es als äußerst praktisch und vorteilhaft angesehen. Die doppelte Behandlung eines bestimmten Vorfalles in zwei getrennten Verfahren, im Straf- und Zivilverfahren, unter Umständen jeweils mit Beweisaufnahme, wobei die Zeugen, die vorher bereits polizeilich vernommen worden sind, in beiden Verfahren zu erscheinen haben, wird durchweg als rückständig abgelehnt.

Die Entscheidung über die Ersatzpflicht kann, genauso wie das eigentliche Strafurteil, auch isoliert mit der Berufung angefochten werden.

F. Bedingte Urteile

Das 7. Kapitel des dänischen »bürgerlichen Strafgesetzbuches« behandelt die bedingten Urteile. Hierbei handelt es sich um Urteile mit einer Strafaussetzung zur Bewährung. Zu unterscheiden sind drei Fälle:

1. Das Urteil enthält nur den Schuldspruch. Die Festsetzung der Strafe wird ausgesetzt und entfällt nach Ablauf der Bewährungszeit (»Probezeit«).
   Die Vorschrift entspricht im Ergebnis dem § 27 JGG, jedoch ist die Aussetzung der Verhängung einer Strafe im dänischen Recht auch bei Erwachsenen möglich.
2. Das Urteil enthält Schuld- und Strafausspruch. Die Vollstreckung der Strafe wird zur Bewährung ausgesetzt (so wie nach § 23 StGB a. F., jetzt § 56 StGB, jedoch ohne Eingrenzung der Dauer der Freiheitsstrafe)
3. Schließlich kann das Gericht durch Urteil bestimmen, daß ein Teil der erkannten Freiheitsstrafe, im Höchstfalle drei Monate, zu vollstrecken ist und die darüber hinausgehende Strafe zur Bewährung ausgesetzt wird.

Der Gesetzestext für diese verschiedenen Möglichkeiten ist sehr unkompliziert und stellt den Richter weitgehend frei. Es heißt schlicht:

Hält das Gericht es nicht für erforderlich, daß eine Strafe zur Vollstreckung kommt, wird im Urteil bestimmt, daß die Frage der Straffestsetzung ausgesetzt wird und nach einer Probezeit entfällt (Fall 1).

Sofern es für zweckmäßiger erachtet wird, kann das Gericht die Strafe festsetzen und bestimmen, daß die Vollstreckung ausgesetzt wird und bei Ablauf der Probezeit entfällt (Fall 2).

Wird die Anwendung einer unbedingten Freiheitsstrafe für erforderlich gehalten, sprechen jedoch die Auskünfte für die Anwendung eines bedingten Urteils, kann das Gericht bestimmen, daß ein Teil der verwirkten Strafe, jedoch höchstens drei Monate, vollstreckt werden soll, während das Urteil im übrigen bedingt ausgesprochen wird (Fall 3).

Die Aussetzung ist davon abhängig, daß der Verurteilte innerhalb der Bewährungszeit, die in der Regel die Dauer von drei Jahren nicht übersteigen soll, in Ausnahmefällen aber auch bis zu fünf Jahren betragen kann, keine strafbare Handlung begeht und die ihm gemachten Auflagen erfüllt. Als solche kommen in Betracht:

Bestimmungen über den Aufenthalt, Arbeit, Ausbildung, Freizeit, Heimunterbringung, Alkohol-, Narkotika- und Medikamentenenthaltsamkeit, Einkommens- und Vermögensverwaltung, Wiedergutmachung, Verkehr (bzw. Verbot der Zusammenkunft) mit bestimmten Personen etc. Die Weisung, sich einer Heilbehandlung oder einer Entziehungskur zu unterziehen, kann im Gegensatz zu § 24 b Abs. 3 StGB a. F., jetzt § 56 c Abs. 3 StGB, ohne Einwilligung des Verurteilten erteilt werden. Häufig wird der Verurteilte wie bei uns unter Aufsicht gestellt, wofür es in Dänemark besondere Institutionen gibt. Der Richter übt während der Bewährungszeit keinerlei Kontrollfunktion aus. Seine Arbeitskraft soll eben nicht für alle möglichen Kleinigkeiten verbraucht werden, worunter zwangsläufig die eigentlichen richterlichen Aufgaben (Spruchtätigkeit) leiden würden. Es ist Sache der Anklagebehörde, über die Polizei oder die Aufsichtsperson die Lebensführung des Verurteilten zu überwachen und bei Gericht erforderlichenfalls Anträge zu stellen. Zuständig ist dann stets das Untergericht, in dessen Bezirk der Verurteilte wohnt oder sich aufhält, und zwar auch dann, wenn in erster Instanz das Landgericht (Schwurgericht) entschieden hat. Bei Verstoß gegen Weisungen kommen eine Verwarnung, Änderung der Auflagen, Verlängerung der Bewährungszeit oder der Widerruf der Strafaussetzung zur Bewährung (im dänischen Recht als Festsetzung der Strafe bzw. Anordnung der Vollstreckung der Strafe bezeichnet) durch Urteil in Betracht. Ein wesentlicher Unterschied zu unserem Verfahren besteht, wenn der Verurteilte innerhalb der Bewährungszeit eine neue Straftat begeht. Das Gericht bezieht nämlich in dem neuen Verfahren die frühere Verurteilung, die bedingt ausgesprochen worden war, mit ein und erkennt in der Regel dann auf eine unbedingte Einheitsstrafe[31] (zu vergleichen mit § 31 Abs. 2 JGG). »Wenn die Umstände dafür sprechen«, kann das Gericht statt dessen für die neue Tat eine Freiheitsstrafe ohne Strafaussetzung zur Bewährung aussprechen und das bedingte Urteil für die frühere Tat, eventuell unter Abänderung der Auflagen, aufrechterhalten oder ein neues bedingtes Urteil für beide Taten verkünden. Interessant ist jedenfalls, daß über die Frage des Widerrufs der Strafaussetzung zur Bewährung hier nicht separat und auch nicht von dem früheren Gericht entschieden wird. Vielmehr wird das bedingte Urteil mit zum Gegenstand der

31 Das Prinzip der Einheitsstrafe gilt im dänischen Recht bei gleichzeitiger Aburteilung mehrerer strafbarer Handlungen generell. Dabei wird die Strafe dem strengsten Strafrahmen entnommen. Unter besonders verschärfenden Umständen kann die darin vorgesehene Höchststrafe um die Hälfte überschritten werden.

neuen Hauptverhandlung gemacht und in die neue Verurteilung auf die geschilderte Weise mit einbezogen.

Wenn auch die Vorschriften über bedingte Urteile sehr weit gefaßt und die Voraussetzungen, unter denen ein solches Urteil ausgesprochen werden darf, im Gesetz nicht näher umrissen sind[32], so hat sich dennoch auf Grund höchstrichterlicher Entscheidungen eine feste Rechtsprechung zu dieser Frage entwickelt, auf deren Einhaltung, insbesondere auch von seiten der Staatsanwaltschaft, geachtet wird.

Bedingte Urteile waren früher nur bei einer Freiheitsstrafe von höchstens einem Jahr möglich. Durch Gesetz vom 31. 5. 1961 ist der Anwendungsbereich jedoch erweitert worden. Die Begrenzung nach der Höhe der Freiheitsstrafe ist ersatzlos weggefallen, mithin können jetzt auch Strafen von längerer Dauer bedingt verhängt werden. Eine weitere im Jahre 1961 eingeführte Änderung bezog sich darauf, daß auch bei Strafrückfälligkeit innerhalb der Bewährungszeit auf ein bedingtes Urteil erkannt werden darf, auch wenn die neue Tat vorsätzlich begangen worden ist. Schließlich wurde auch neu eingeführt, daß ein bedingtes Urteil mit einer Geldstrafe – nicht wie bei uns mit Zahlung einer Geldbuße an eine gemeinnützige Einrichtung als Auflage – kombiniert werden kann, selbst wenn an sich im Straftatbestand keine Geldstrafe vorgesehen ist. Wer nun geglaubt hatte, daß die Zahl der bedingten Urteile nach Inkrafttreten der neuen Bestimmungen seit dem Jahre 1961 spontan ansteigen würde, sah sich getäuscht. Die Recht-

32 Es ist typisch für die dänische Gesetzgebung, daß der Richter möglichst nicht eingeengt wird. Wendungen wie »wenn das Gericht es für zweckmäßig hält« – »wenn es erforderlich ist«, sind durchaus üblich. Man überläßt es der Rechtsprechung des Höchsten Gerichts, das hohes Ansehen genießt, bestimmte Grundsätze herauszustellen, wobei dann aber auch auf möglichst gleichmäßige Behandlung der Täter geachtet wird. Dieses System hat sich bewährt.

sprechung ist zunächst im wesentlichen bei der früheren Praxis verblieben. Gerade auch das Höchste Gericht hat der allgemeinen Tendenz, in möglichst vielen Fällen zu bedingten Urteilen zu kommen, nach 1961 entgegengewirkt. Erst in letzter Zeit ist deutlich eine Liberalisierung erkennbar, und das Höchste Gericht ist nicht mehr ganz so streng wie früher. Immer aber ist man bestrebt, eine einheitliche Linie zu wahren. Die Staatsanwaltschaft pflegt in Sachen, in denen das Landgericht zweite und normalerweise letzte Instanz ist, mit besonderer Zulassung des Justizministers das Höchste Gericht als dritte Instanz anzurufen, wenn sie glaubt, daß das Urteil in der Frage »bedingt« oder »unbedingt« der bisherigen Praxis nicht entspricht. Das Gefühl für gleichmäßige Behandlung der verschiedenen Tätergruppen, insbesondere bei Routinedelikten, ist in der dänischen Bevölkerung sehr ausgeprägt, womit eine gewisse Differenzierung nach Lage des Einzelfalles nicht ausgeschlossen ist. Es würde aber niemand verstehen, wahrscheinlich sogar lebhafte Kritik auslösen, wenn ein Kraftfahrer, der mit 1,6% Alkoholgehalt ein Kfz. gelenkt hat, vier Wochen Haft verbüßen müßte, während ein anderer, der bei gleichem Alkoholgehalt dasselbe getan hat, wobei es sich in beiden Fällen um Ersttäter handelt, nur zu drei Wochen Haft oder gar nur »bedingt«, d. h. mit Strafaussetzung zur Bewährung, verurteilt werden würde. Hier durch Anrufung höherer Instanzen regulierend zu wirken, betrachtet die Staatsanwaltschaft als eine ihrer Hauptaufgaben.

Ob es sich um einen Ersttäter oder Wiederholungstäter handelt, spielt bei der Entscheidung über eine bedingte oder unbedingte Verurteilung insofern eine Rolle, als Wiederholungstäter kaum Chancen haben, nur bedingt verurteilt zu werden. Aber selbst bei Ersttätern steht in der dänischen Rechtsprechung immer die Frage im Vordergrund, welcher Straftatbestand erfüllt ist. Bei bestimmten Delikten hält man es grundsätzlich, schon aus generalpräventiven Gesichtspunkten, für erforderlich, daß die erkannte Strafe auch vollstreckt wird. Hier einige Beispiele aus der Rechtsprechung[33]:

Unterschlagung
Die Gerichte sind hier im allgemeinen geneigt, bedingt zu verurteilen, sofern es sich um Ersttäter handelt.

72jähriger Angeklagter hatte sich 174000 Kronen, die der zurechnungsunfähige Haupttäter unterschlagen hatte, angeeignet[34].
Urteil: 2 Jahre Gefängnis, bedingt. Unter den Richtern bestand Dissens[35] – U 62, 747 –[36].

33 Diese wurden dem Aufsatz des Staatsadvokaten *Per Lindegaard*, der seit dem 1. 4. 1973 Reichsanwalt ist, in »Ugeskrift for Retsvaesen« (Wochenschrift für Rechtswesen) B 1970, S. 175, »Valget mellem betinget og ubetinget straf« (Die Wahl zwischen bedingter und unbedingter Strafe) entnommen.

34 Der A. wurde als Mittäter verurteilt. Die Teilnahme an einer Tat ist im dänischen Strafrecht weit gefaßt. § 23 Abs. 1 dän. Strafges.: »Die für eine Gesetzesübertretung gegebenen Strafbestimmungen umfassen alle, die durch Anreizung, Rat oder Tat zur Tat beigetragen haben.« – Es wird mithin nicht unterschieden zwischen Täter, Anstifter und Gehilfe. Dabei geht »Anreizung« noch weiter als »Anstiftung« oder »Verleitung«. Art und Grad der Tatbeteiligung werden jedoch beim Strafmaß berücksichtigt.

35 Unterschiedliche Auffassungen und das Stimmenverhältnis werden in ein Votierbuch aufgenommen. Sie sind in den Urteilsgründen enthalten, beim Untergericht und beim Landgericht ohne Namensnennung. Urteile des Höchsten Gerichts enthalten jedoch bei Dissens die Namen der Richter mit ihren Auffassungen, jeweils mit sehr knapper Begründung. Die Urteilsgründe beschränken sich dann hierauf. Das Votierbuch wird beim Höchsten Gericht von einer Juristin geführt. (Vgl. im übrigen das Kapitel »Urteilsgründe« S. 121.)

36 U 62, 747 = Wochenschrift (Ugeskrift) für Rechtswesen, Jahrgang 1962, S. 747.

60jähriger Gewerkschaftskassierer hatte sich im Laufe von drei Monaten insgesamt 6800 Kronen angeeignet. Der Betrag war von ihm bislang nicht ersetzt worden. Urteil Stadtgericht Vejle: sechs Monate Gefängnis, bedingt.

Das Landgericht bestätigte das Urteil, »insbesondere im Hinblick auf das Alter des Angeklagten«. Dieses Argument machte auf das Höchste Gericht keinen Eindruck. A. wurde in dritter Instanz zu vier Monaten Gefängnis unbedingt verurteilt (Dissens, ein Richter war für Bestätigung des Urteils des Stadtgerichts) – U 65, 756 –.

Urkundenfälschung

Es wird differenziert nach den Umständen des Einzelfalles. Durchweg besteht jedoch wenig Neigung für ein bedingtes Urteil.

22jähriger A., nicht vorbestraft, hatte Scheckbuch gestohlen und falsche Schecks ausgestellt, dafür 200 Kronen an Waren gekauft und 2300 Kronen bar ausgezahlt erhalten. Hinzu kam ein Diebstahl von Bekleidungsstücken im Werte von 250 Kronen.

Urteil Stadtgericht Esbjerg: vier Monate, bedingt. Westliches Landgericht Viborg: drei Monate unbedingt. Höchstes Gericht: fünf Richter stimmten für unbedingtes Urteil mit der Begründung, es lägen keine besonderen Umstände vor. Das jugendliche Alter spiele keine Rolle. Zwei Richter waren für ein bedingtes Urteil. Entscheidung nach Stimmenmehrheit – U 67, 763 –.

A., von Beruf Lehrer, änderte eine Quittung von 500 Kronen in 1500 Kronen. Er erhielt eine Freiheitsstrafe ohne Bewährung – U 68, 404 –.

Betrug

Die Gerichte sind gelegentlich geneigt, bedingt zu verurteilen, sofern gute Voraussetzungen für die weitere Entwicklung des Täters vorliegen.

Diebstahl am Arbeitsplatz

Bereits vor dem Änderungsgesetz aus dem Jahre 1961 gaben die Gerichte ein bedingtes Urteil nur, wenn ganz besondere Umstände vorlagen. Diese Tendenz ist beibehalten worden.

22jähriger A., Hafenarbeiter, noch nicht vorbestraft wegen eines Bereicherungsdeliktes, hatte beim Löschen eines Schiffes für 170 Kronen Keramiksachen gestohlen.

Urteil Stadtgericht Kopenhagen: 30 Tage Gefängnis, unbedingt. Das Urteil wurde vom Östlichen Landgericht und vom höchsten Gericht bestätigt. Eine Minderzahl von zwei Richtern am Höchsten Gericht votierte für 60 Tage Gefängnis, bedingt, mit Bewährungsaufsicht, und zwar unter Hinweis darauf, daß der A. drei Wochen in U-Haft gewesen war und jetzt feste Arbeit hatte. Sie drangen mit dieser Meinung nicht durch – U 62, 116 –.

36jähriger Maschinenarbeiter, nicht vorbestraft, hatte im Laufe mehrerer Jahre Werkzeug von einem Schiff, auf dem er gearbeitet hatte, Sachen eines Arbeitskameraden, ferner Spirituosen und Tabak, insgesamt Waren im Werte von 2200 Kronen, gestohlen. Die meisten Sachen fand man bei ihm bei der Durchsuchung seiner Wohnung, im übrigen leistete er nach dem Urteil erster Instanz Schadensersatz.

Urteil Kriminalgericht in Aalborg: acht Monate Gefängnis, bedingt und Aufsicht; bestätigt vom Landgericht. Höchstes Gericht: sechs Monate unbedingt unter Hinweis auf die Anzahl der Fälle und die Beschaffenheit der Sache. Urteil einstimmig – U 62, 35 –.

35jähriger Tabakarbeiter, nicht vorbestraft, hatte im Laufe von drei Monaten 3000 Zigaretten gestohlen, deren Wert er später erstattete.

Urteil Kriminalgericht Gladsaxe: 60 Tage Gefängnis, bedingt und Geldstrafe; bestätigt vom Östlichen Landgericht. Höchstes Gericht: einstimmig, 30 Tage unbedingt – U 66, 428 –.

Gebrauchsentwendung

Hierbei wird gelegentlich ein bedingtes Urteil gesprochen.

Sittlichkeitsdelikte

Es sind verschiedene Tätergruppen zu unterscheiden. Strafaussetzung zur Bewährung wird in leichteren Fällen bewilligt, vorausgesetzt, daß keinerlei Gewalt angewendet wurde.

22jähriger, nicht vorbestrafter, gut beleumdeter A. hatte mit seiner etwa 14jährigen Schwägerin Geschlechtsverkehr, während seine Ehefrau schwanger war.

Stadtgericht Kopenhagen: ein Jahr Gefängnis, unbedingt. Östl. Landgericht: acht Monate, davon fünf Monate bedingt. Höchstes Gericht: fünf Monate unbedingt, trotz der »guten Verhältnisse«, die sonst beim A. vorlagen. Zu beachten ist die nicht hohe Strafe, die jedoch verbüßt werden mußte – U 64, 723 –.

Stiefvater hatte geschlechtlichen Umgang mit seiner 14½jährigen Stieftochter – Unzucht mit Abhängigen.

Urteil: acht Monate Gefängnis, unbedingt.

In Fällen dieser Art wird kein bedingtes Urteil gegeben. Die Strafe ist jedoch auch hier nicht hoch – U 64, 607 –.

In U 63, 324 ist ein Fall des Fensterguckens behandelt. Der Täter erhielt bedingte Haft.

Auch sonst sind die Gerichte geneigt, in leichteren Fällen der Erregung öffentlichen Ärgernisses bedingt zu verurteilen, ebenso in Fällen der Zuhälterei, »wenn die Initiative von der Frau ausgeht« (U 67, 768).

Trunkenheit am Steuer

Die Grenze der absoluten Fahruntüchtigkeit liegt bei 1,2‰. Es wird grundsätzlich eine unbedingte Freiheitsstrafe verhängt, deren Dauer vom Umfang des Alkoholgenusses und den Folgen mit abhängt.

Diese Beispiele mögen die dänische Praxis, die von völlig anderen Gesichtspunkten ausgeht als bei uns, wobei allerdings auch die Gesetzesvorschriften unterschiedlich sind, veranschaulichen. Hinzuweisen ist schließlich noch darauf, daß nahezu in allen Fällen, in denen Gewaltanwendung mit im Spiele ist, unbedingt verurteilt wird[37].

37 *Per Lindegaard* hat in einem weiteren Aufsatz zum selben Thema in »Ugeskrift for Retsvaesen« B 1973, S. 237, an Hand von neueren Beispielen aufgezeigt, daß die Entwicklung dahin zu gehen scheint, bei der Frage der Bewilligung eines bedingten Urteils großzügiger zu verfahren.

Vorzeitige bedingte Entlassungen sind nach dänischem Recht ebenfalls möglich und üblich, in der Regel, nachdem zwei Drittel der Strafe verbüßt sind, ausnahmsweise schon nach Verbüßung der Hälfte, jedoch müssen stets mindestens vier Monate der Freiheitsstrafe verbüßt sein. Eine vorzeitige Entlassung ist in der Regel ausgeschlossen, wenn die Reststrafe weniger als 30 Tage beträgt.

Über die vorzeitige Entlassung auf Probe entscheiden nicht die Gerichte, sondern der Justizminister, der diese Befugnis delegieren kann. In der Praxis sind es die Vorsteher der Vollzugsanstalten (Gefängnisdirektoren), die darüber befinden. Hält der Entlassene die Auflagen nicht ein oder macht er sich erneut strafbar, obliegt es dem Justizminister, Maßnahmen zu treffen, erforderlichenfalls die Vollstreckung der Reststrafe anzuordnen. Auch mit diesen nachträglichen Entscheidungen, die bei uns oftmals nicht unerheblichen Aufwand verursachen, wird also der Richter nicht befaßt.

G. Urteilsgründe

Die Urteilsgründe gehen wie bei den Zivilurteilen stets dem Urteilsspruch als »Prämissen« voran. Die erstinstanzlichen Urteile sind mit Ausnahme der Urteile des Landgerichts (Schwurgerichtsurteile) verhältnismäßig ausführlich. Jedoch enthalten sie in erster Linie Sachverhaltsdarstellungen sowie Partei- und Zeugenaussagen, während rechtliche Ausführungen äußerst knapp gehalten sind und sich meistens auf wenige Sätze beschränken. Der Urteilsspruch wird, wie auch in Zivilsachen, nach den »Prämissen« mit dem Satz eingeleitet: »Thi kendes for ret« (»Folglich wird für Recht erkannt«).

In einem erstinstanzlichen Strafurteil des Untergerichts wird zunächst die Anklageschrift wörtlich wiedergegeben.

Ist sie während der Hauptverhandlung berichtigt worden, so etwa wegen Veränderung des rechtlichen Gesichtspunktes oder auch wegen unrichtiger tatsächlicher Angaben – die Berichtigung wird nach Erörterung mit den Beteiligten sehr formlos durchgeführt –, so wird die Anklageschrift sogleich mit dem berichtigten Inhalt aufgeführt. Es folgt dann die Beweisaufnahme mit den wesentlichen Zeugenaussagen, jedoch keine ausführliche schriftliche Beweiswürdigung, selbst nicht bei sich widersprechenden Zeugenaussagen, sondern es heißt einfach: »Das Gericht legt seiner Entscheidung die Aussage des Zeugen X (oder der Zeugen X, Y) zugrunde« oder »danach hält das Gericht es für erwiesen« oder »das Gericht stellt danach fest«. Niemand erwartet, daß der Richter die gedanklichen Überlegungen, die dem vorangegangen sind, zu Papier bringt. Es folgen dann die dem Schuldspruch zugrunde liegenden Strafbestimmungen. Ausführungen zum Strafmaß fehlen fast völlig. Im Gegensatz zu diesen erstinstanzlichen Urteilen der Untergerichte, die immerhin eine eingehende Sachverhaltsdarstellung enthalten, sind die Urteile der Berufungsinstanz (Landgericht, Höchstes Gericht) außerordentlich kurz gefaßt[38]. Beim Landgericht, das in der Regel in Strafsachen, die in erster Instanz beim Untergericht verhandelt und entschieden worden sind, die letzte Instanz ist, pflegen in Berufungssachen die Urteilsgründe während der Beratung handschriftlich abgesetzt zu werden. Dabei werden

38 Staatsanwalt *Per Lindegaard* – früher ständiger Vertreter des Reichsanwalts, jetzt Reichsanwalt – in »Ugeskrift for Retsvaesen« B 1970, S. 190: »Dänische Urteile in Strafsachen müssen wohl überhaupt als recht begründungsarm charakterisiert werden. Die Begründungen (Prämissen) sind viel kürzer als in schwedischen und norwegischen Urteilen. Beim Vergleich mit ausländischen Urteilen, die ich gelesen habe, ist es mein Eindruck, daß unsere Tradition bei der Begründung von Strafurteilen genügsamer ist als in den meisten westeuropäischen Rechtssystemen.«

Tatsachenfeststellungen der ersten Instanz nicht wiederholt, sofern auch das Berufungsgericht zu denselben Feststellungen gelangt ist. Es wird von den Berufungsrichtern für überflüssig und sinnlos gehalten, noch einmal das niederzuschreiben, was bereits das Urteil erster Instanz enthält. Nur abweichende Feststellungen werden angeführt. Die knappe Fassung der Gründe gilt generell ohne Rücksicht darauf, ob damit zu rechnen ist, daß im gegebenen Falle das Höchste Gericht mit Zulassung des Justizministers das Urteil als dritte Instanz überprüft.

Beispiel aus U 1968 S. 418 ff.: Körperverletzung.

Sachverhalt: Der Angeklagte, Inhaber eines Campingplatzes, versetzte einem 71jährigen Mann B., der sich auf den Platz begeben hatte, um nach dem Campingwagen seiner Schwester zu suchen und von dem die Ehefrau des Angeklagten zehn Kronen Gebühren für Parken und Platzaufenthalt gefordert hatte, einen Fausthieb ins Gesicht, als dieser die Zahlung verweigerte. Als Folge des Schlages hatte B. einen blutunterlaufenen Fleck unter dem Auge und einige Tage Schmerzen in der Backe.

1. Instanz: Urteil des Stadtgerichts Svendborg (Schöffengericht) vom 30. 10. 1967:

Ausführliches Urteil. Zunächst Wiedergabe der kurzgefaßten Anklageschrift, darauf Einlassung des Angekl., dann die Bekundungen der Zeugen.

Alsdann folgende Ausführungen: Das Gericht hält es nach dem, was es erfahren hat, für bewiesen, daß der Angeklagte den B. mit einem Fausthieb, wie in der Anklageschrift beschrieben, geschlagen hat, und findet, daß B. keinerlei Veranlassung hierzu gegeben hat. Der Angeklagte ist deshalb nach § 244 Abs. 4 des Strafgesetzes mit einer Strafe zu belegen, die mit Rücksicht darauf, daß die ausgeübte Gewalt von weniger grober Art war und daß der vorliegende Sachverhalt entschuldigende Momente hat, mit 20 Tagen Haft festgesetzt werden konnte. (Keine Bewährung!)

Ein Mitglied des Gerichts ist abweichender Ansicht wie folgt: Ich würde den Angeklagten mit zehn Tagesbußen zu 30 Kronen bestrafen, weil ich meine, daß mildernde Umstände vorliegen.

Der Angeklagte legte Berufung ein mit dem Ziel, freigesprochen zu werden; die Staatsanwaltschaft legte ebenfalls Berufung ein mit dem Antrag, die Strafe zu verschärfen.

2. Instanz: Urteil des Östlichen Landgerichts vom 30. 11. 1967 (in der Berufungsverhandlung wurden der Angeklagte und drei Zeugen vernommen):

Der A. und die Zeugen haben im wesentlichen dasselbe erklärt, wie im erstinstanzlichen Urteil angegeben ist. (Es folgen zusätzliche Bekundungen des A. und der Zeugen, insgesamt sechs Sätze.)

Dann heißt es: Auch nach der Beweisführung vor dem Landgericht ist auf Grund der Aussagen der Zeugen Eheleute B., die das Gericht zugrunde legt, festzustellen, daß der A. dem Zeugen B. einen Fausthieb ins Gesicht versetzt hat, und es wird dem beigetreten, daß der Zeuge dazu keine Veranlassung gegeben hat.

Die Gewalt wird nicht als solche von minder grober Beschaffenheit erachtet, ebenso wie mit Rücksicht u. a. auf das Alter des Überfallenen nicht gefunden wird, daß der vorliegende Sachverhalt entschuldigende Momente hat. Die Strafe wird deshalb mit 40 Tagen Gefängnis festgesetzt. Mit dieser Änderung war das Urteil zu bestätigen.

Weitere Berufung des Angeklagten und der Staatsanwaltschaft, die der Justizminister zuließ.

3. Instanz: Urteil des Höchsten Gerichts vom 25. 4. 1968:

Das in dieser Sache verkündete Urteil des Östlichen Landgerichts ist mit Zulassung des Justizministeriums beim Höchsten Gericht angefochten worden, seitens des A. mit dem Ziel der Milderung, seitens der Anklagebehörde mit dem Ziel der Verschärfung. An der Urteilsfindung haben fünf Richter teilgenommen. (Es folgen die Namen der Richter.)

Vier Richter – Dybdal, Tamm, le Maire und Schaumburg – finden, daß die ausgeübte Gewalt nach dem, was der Anzeigende über die Folgen bekundet hat, von minder schwerer Art angesehen werden kann, wohingegen im vorliegenden Sachverhalt weder entschuldigende noch besonders mildernde Umstände liegen. Hiernach stimmen diese Richter dafür, die Strafe nach dem Urteil des Stadtgerichts Svendborg festzusetzen. Richter Hermann, der nicht der Auffassung ist, daß die ausgeübte Gewalt von minder schwerer Beschaffenheit angesehen werden kann, stimmt dafür, die Strafe auf 30 Tage Gefängnis festzusetzen. Danach ist nach Stimmenmehrheit zu entscheiden.

Deshalb wird für Recht erkannt: Das Urteil des Stadtgerichts Svendborg wird bestätigt. ... Kosten ...

Soweit das Landgericht in Strafsachen als erste Instanz entscheidet (nur Schwurgerichtssachen), entfallen die Urteilsgründe nahezu gänzlich. Im Anschluß an zwei Schwurgerichtssitzungen, an denen der Verfasser in Kopenhagen teilnahm, wurde auf die Frage nach den schriftlichen Urteilsgründen zunächst geantwortet: Eine schriftliche Urteilsbegründung gibt es in diesen Sachen nicht. Der Schuldspruch stehe fest auf Grund der von den Geschworenen schriftlich beantworteten Fragen. Dieser Fragebogen werde zu den Akten genommen. Für die Strafzumessung komme ohnehin eine Begründung nicht in Frage. Hier handele es sich um reine Ermessenssache, und jedes Wort sei überflüssig.

Eine Urteilsbegründung in unserem Sinne gibt es in der Tat nicht, was u. a. auch damit zusammenhängt, daß die Berufsrichter an der Beratung der Geschworenen über den Schuldspruch nicht teilnehmen. Man begnügt sich im Urteil damit, daß die Anklageschrift und die an die Geschworenen gestellten Fragen und deren Beantwortung wörtlich wiedergegeben werden:

»Den Geschworenen sind folgende Fragen gestellt worden: ... (5 Fragen).

Die Geschworenen haben die Hauptfrage 1 mit »Nein« und die Hauptfragen 2–5 mit »Ja« beantwortet.

Nach der Antwort zu Frage 1 ist der Angeklagte im Sachverhalt 1 freizusprechen, nach der Antwort zu Fragen 2–5 ist der Angeklagte schuldig zu befinden .... (Es folgen die Strafbestimmungen, mehr nicht!)

Die Strafe erscheint hier mit fünf Jahren Gefängnis angemessen, wovon 85 Tage durch die Untersuchungshaft verbüßt sind.«

Die Geschworenen haben im Zusammenhang mit der Schuldfrage auch über das Vorliegen qualifizierter Tatbestandsmerkmale (z. B. über Raub »von besonders gefährlicher Art« im Gegensatz zu einfachem Raub oder über »mildernde Umstände«) zu entscheiden, ferner auch darüber, ob eine Strafe unter bestimmten im Tatbestand bezeichneten Voraussetzungen gemildert werden soll oder nicht. Die Fragen – oftmals umfaßt der Fragebogen zehn bis zwölf Seiten mit Haupt- und Zusatzfragen – müssen im einzelnen sehr sorgfältig formuliert sein und bei positiver Beantwortung den in Betracht kommenden gesetzlichen Tatbestand decken.

Beispiel aus U 1970, 731:

Ein 21jähriger Angeklagter war vom Schwurgericht wegen versuchter Notzucht zu zwei Jahren Gefängnis verurteilt worden. Nach § 21 Abs. 2 des dän. Strafgesetzes kann die Strafe für den Versuch herabgesetzt werden, namentlich dann, »wenn der Versuch von geringer Stärke oder Festigkeit beim verbrecherischen Vorsatz zeugt«. Die Geschworenen, denen zum Schuldspruch drei Hauptfragen gestellt worden waren, die sie mit »Ja« beantworteten, hatten demgemäß noch folgende Zusatzfrage zu beantworten: »Soll die Strafe für das in der Hauptfrage beschriebene Verbrechen herabgesetzt werden, weil der Versuch von geringer Stärke oder Festigkeit im verbrecherischen Vorsatz zeugt?«

Die Geschworenen antworteten hierauf mit »Nein«.

Der Angeklagte legte gegen das Urteil des Schwurgerichts Berufung ein und rügte die Nichtanwendung des § 224 StrG, wonach eine »verhältnismäßig geringere Gefängnisstrafe zu verhängen ist, wenn es zu anderem geschlechtlichen Umgang als dem Beischlaf gekommen ist«.

Dazu das Urteil des Höchsten Gerichts vom 21. 8. 1970:

Das in dieser Sache vom Westlichen Landgericht unter Mitwirkung von Geschworenen verkündete Urteil ist beim Höchsten Gericht angefochten worden mit dem Antrag, die begangene Tat lediglich nach § 224 StrG zu bestrafen und im übrigen die Strafe herabzusetzen. Die Anklagebehörde besteht auf Verschärfung.

An der Urteilsfindung haben fünf Richter teilgenommen, nämlich ... (Namen).

Der in der Frage an die Geschworenen beschriebene Sachverhalt ist mit Recht unter § 216 Abs. 2 StrG einzuordnen, und das Urteil ist, da die Strafe für passend erachtet wird, zu bestätigen, wobei nunmehr 266 Tage der Strafe durch Untersuchungshaft als verbüßt anzusehen sind.

Deshalb wird für Recht erkannt: Das Urteil des Landgerichts wird mit der Maßgabe bestätigt, daß 266 Tage der Strafe als verbüßt gelten. Die Kosten des Verfahrens beim Höchsten Gericht fallen dem Angeklagten zur Last.

H. Verteidigergebühr

Der »öffentliche Verteidiger« (Pflichtverteidiger) ist in Dänemark die Regel. Die Fälle der notwendigen Verteidigung sind nach dänischem Strafprozeßrecht weit zahlreicher als nach der StPO. Häufig ist dem Beschuldigten schon im Ermittlungsverfahren, so für das Verfassungsverhör (Vorführung), ein Verteidiger zu bestellen. Beim Landgericht besteht grundsätzlich, auch im Berufungsverfahren, notwendige Verteidigung. Hat der Beschuldigte bzw. Angeklagte selbst einen Verteidiger gewählt, entfällt die Bestellung eines Pflichtverteidigers.

Interessant ist nun, daß es eine »Rechtsanwaltsgebührenordnung« weder für Strafsachen noch für Zivilsachen gibt. Der Richter, der die dem Anwalt zustehende Gebühr im Urteil oder durch Beschluß festzusetzen hat, richtet sich vielmehr nach einer Tabelle mit der Überschrift »richtungweisende Gebührenregeln«, die die Präsidenten der Gerichte nach vorangegangener Erörterung mit der Anwaltskammer von Zeit zu Zeit herausgeben. Die Sätze werden angesichts der anhaltenden Preissteigerungen im Abstand von etwa zwei bis drei Jahren überarbeitet und angemessen erhöht. Es bedarf also nicht jedes Mal einer gesetzlichen Neuregelung.

Ausgangspunkt für die Verteidigergebühr ist nach den Richtlinien der Zeitaufwand. Für vor dem Untergericht zu verhandelnde Strafsachen galt im Sommer 1972 durchweg:

a) kleinere Sachen mit einer Verhandlungsdauer von ca. einer halben Stunde: 150–200 Kronen, evtl. weniger, wenn der Verteidiger mehrere Sachen am selben Tage wahrzunehmen hatte;

b) im übrigen: ca. 200 Kronen pro Stunde Verhandlungsdauer, bis zu 1200–1600 Kronen für eine Verhandlung von sechs bis acht Stunden.
   Dazu kamen Zuschläge: Besuche in der Haftanstalt: je 100 Kronen; Teilnahme bei der Vorführung: 100 Kronen.

Vor der Urteilsberatung pflegt das Gericht den Verteidiger, sofern Anlaß dazu besteht, zu fragen, wie oft er den Angeklagten aufgesucht und ob er am Verfassungsverhör teilgenommen habe. Mitunter überreicht der Verteidiger hierzu auch eine bereits vorbereitete Aufstellung.

Beispiel:

Verhandlungsdauer: drei Stunden	600 Kronen
Verfassungsverhör	100 Kronen
Angeklagter wurde zweimal in der Haftanstalt vor der Hauptverhandlung aufgesucht	200 Kronen
	900 Kronen

Dieser Betrag wird im Urteil durch das Gericht festgesetzt. Damit erübrigt sich ein anschließendes Festsetzungsverfahren. Die Sätze, von denen nach Bedeutung und Umfang der Sache auch abgewichen werden kann, gelten für Pflichtverteidiger. Werden dem Angeklagten die Kosten eines Wahlverteidigers im Falle des Freispruchs oder der Einstellung erstattet, darf die zu erstattende Gebühr nicht die eines Pflichtverteidigers übersteigen.

Die Festsetzung des Gebührenbetrages durch den Richter erscheint praktisch, da dieser auf Grund der gerade durchgeführten Verhandlung Art und Umfang der Sache am besten übersehen kann, und bedeutet kaum eine Mehrbelastung.

V. Stichwortartige Zusammenfassung

Als wesentliche Unterschiede zu unserer Gerichtsbarkeit sind zusammenfassend hervorzuheben:

1. Ausbildung: nur ein Examen nach etwa sechsjährigem Studium, danach Übernahme als »Bevollmächtigter« bei gutem Examensergebnis; keine Referendarausbildung (einstufige Juristenausbildung).
2. Zahl der »Richter« stark eingeschränkt, Ernennung erst nach 15–20jähriger Tätigkeit als Bevollmächtigter bei Gericht, Staatsanwalt, Polizeimeister oder im Justizministerium. Richter tritt bei Erreichung des 70. Lebensjahres in den Ruhestand.
3. Gerichtsaufbau:
   a) Im Prinzip Zwei-Instanzen-Zug
   (gegen Urteile der Untergerichte: Berufung beim Landgericht; gegen erstinstanzliche Urteile der Landgerichte; Berufung beim Höchsten Gericht).
   Nur in Ausnahmefällen ist das Höchste Gericht mit Zulassung des Justizministers dritte Instanz für erstinstanzliche Entscheidungen des Untergerichts. (Weitere Berufung – anke –, keine Trennung zwischen Berufung und Revision).
   Entsprechendes gilt für Beschwerden (kaere).
   b) Landgericht wird als Gericht höherer Art angesehen. Richter beim Landgericht ist Beförderungsstelle. Präsident verteilt Geschäfte (kein Präsidium), er bestimmt den Kammervorsitzenden (praktisch nach Anciennität).
   c) Beim Landgericht nur gemischte Kammern (jede Kammer bearbeitet Straf- und Zivilsachen, erstin-

stanzliche und Berufungs(bzw. Beschwerde-)sachen, dasselbe gilt für die beiden Senate des Höchsten Gerichts).

d) Sachliche Zuständigkeit:
Abgrenzung Untergericht – Landgericht:
Zivilsachen: Grenze 10 000 Kronen[1], Ehesachen beim Untergericht;
Strafsachen: nur Schwurgerichtssachen in erster Instanz beim Landgericht – ausgedehnter Kreis der Schwurgerichtssachen (Kriterium: Strafrahmen muß mindestens acht Jahre Freiheitsstrafe enthalten), dafür vereinfachtes Geständnisverfahren vor dem Einzelrichter des Untergerichts auch in Fällen schwerer Kriminalität;
Untergericht: Einzelrichter – Schöffengericht, keine Beschränkung der Strafgewalt.

4. Keine Verwaltungsgerichte, Arbeitsgerichte, Finanzgerichte in unserem Sinne, kein Verfassungsgericht. Streitigkeiten dieser Art kommen vor die ordentlichen Gerichte und werden als Zivilsachen angesehen.
5. Kein Mahnverfahren. Statistik enthält unter »abgeschlossene Zivilsachen« auch alle Sachen, die bei uns im Mahnverfahren anhängig gemacht werden.
6. Verhandlung in Zivilsachen:
Nach Vorbereitungstermin Hauptverhandlung, nur kurze Schriftsätze, kein Beweisbeschluß, Mündlichkeit, häufig Vergleich. Partei- und Zeugenvernehmung im Wechselverhör, sehr gründliche Verhandlung.
7. Extrakte beim Landgericht und beim Höchsten Gericht in Zivil- und Strafsachen.
8. Separation und Ehescheidung können bei Einverständnis durch Verwaltungsbehörde (»administrativ«) aus-

1 Wird in allernächster Zeit auf 30 000 Kronen heraufgesetzt.

gesprochen werden. Davon wird sehr weitgehend Gebrauch gemacht.

9. Armenrecht (freier Prozeß) wird durch Behörde (»administrativ«) bewilligt.
10. In Strafsachen zu unterscheiden zwischen »Polizeisachen« und »Staatsanwaltssachen«. Polizeimeister (Jurist) nimmt weitgehend staatsanwaltschaftliche Aufgaben wahr; erhebt er in »Polizeisachen« Anklage beim Untergericht und tritt beim Untergericht – auch in Staatsanwaltssachen – in der Hauptverhandlung auf. – Polizei untersteht dem Justizminister.
11. Strafverfahren wird als »Parteiverfahren« angesehen. Staatsanwalt hat Sache vorzulegen und Beweis zu führen – Methode des Wechselverhörs –. Schwurgerichtssachen: anglo-amerikanisches Jury-System (drei Richter und zwölf Geschworene) in abgewandelter Form.
12. In Polizeisachen schließt Verhandlung häufig mit Annahme einer Geldstrafe durch den Angeklagten (kein Urteil).
13. In Verkehrssachen Adhäsionsverfahren für Schadensersatzansprüche (durchweg zwingend, hierfür keine Streitwertbegrenzung beim Untergericht).
14. Legt Angeklagter Berufung ein, schließt sich Staatsanwalt häufig der Berufung an, um das Berufungsgericht freizustellen.
15. Pflichtverteidigerbestellung weit häufiger als bei uns, schon bei Vorführung (Verfassungsverhör). Verteidiger erhält von allen Vernehmungen Durchschläge.
16. Für Gebühren der Anwälte keine »Gebührenordnung«, sondern »richtungweisende Gebührensätze« des Justizministers nach Absprache mit der Anwaltskammer.
17. Gutachten über Geisteszustand (»Mentaluntersuchung«) wird in der Regel in der Hauptverhandlung verlesen. Sachverständiger wird meistens nicht zum Termin geladen.

18. Urteilstechnik:
erstinstanzlich: zunächst Sachverhaltsdarstellung, dann Beweisaufnahme (ohne ausführliche Beweiswürdigung), am Schluß Urteilstenor;
Berufungsurteile: außerordentlich knapp gehalten; Bezugnahme auf Feststellung im erstinstanzlichen Urteil;
Schwurgerichtsurteile: enthalten kaum Gründe, Hinweis auf Beantwortung der Fragen durch die Jury.
19. Höchstes Gericht wirkt in Strafsachen praktisch als Revisionsgericht. Zurückverweisung sehr selten.
20. Bedingte Urteile (Strafaussetzung zur Bewährung) nicht für alle Straftatbestände. Bei neuem Strafverfahren wird bedingtes Urteil mit einbezogen.
21. Einheitsstrafe (keine Gesamtstrafe) wie bei uns nach Jugendrecht.
22. Eid vor einigen Jahren abgeschafft.
23. Weitgehende Freistellung des Richters von Dezernatsarbeit und Nebenentscheidungen (z. B. Briefkontrolle durch Polizei, 2/3-Entlassung durch Gefängnisdirektor)